ACCESO GRATIS a la Lectura en la Nube

Para visualizar el libro electrónico en la nube de lectura envíe junto a su nombre y apellidos una fotografía del código de barras situado en la contraportada del libro y otra del ticket de compra a la dirección:

ebooktirant@tirant.com

En un máximo de 72 horas laborales le enviaremos el código de acceso con sus instrucciones.

DELITOS SEXUALES. BIEN JURÍDICO Y CONSENTIMIENTO

Algunas reflexiones sobre violencia sexual y perspectiva de género en los casos judiciales

DELITOS SEXUALES. BIEN JURÍDICO Y CONSENTIMIENTO

Algunas reflexiones sobre violencia sexual y perspectiva de género en los casos judiciales

JORGE EDUARDO BUOMPADRE
Profesor de Derecho Penal y Extraordinario
Universidad Nacional del Nordeste (Argentina)

tirant lo blanch
Valencia, 2024

La presente obra ha sido sometida a la revisión de pares ciegos según el protocolo de publicación de la editorial a efectos de ofrecer el rigor y calidad correspondiente tanto en su contenido como en su forma, aplicándose los criterios específicos aprobados por la Comisión Nacional E 016 (BOE num. 286, de 26 de noviembre de 2016).

Director de la Colección:

JOSÉ LUIS GONZÁLEZ CUSSAC

Catedrático de Derecho Penal

Universitat de València

EDITA: TIRANT LO BLANCH
C/ Artes Gráficas, 14 - 46010 - Valencia
TELFS.: 96/361 00 48 - 50
FAX: 96/369 41 51
Email: tlb@tirant.com
www.tirant.com
Librería virtual: www.tirant.es
DEPÓSITO LEGAL: V-2562-2024
ISBN: 978-84-1197-082-2
MAQUETA: Tink Factoría de Color

Si tiene alguna queja o sugerencia, envíenos un mail a: *atencioncliente@tirant.com*. En caso de no ser atendida su sugerencia, por favor, lea en *www.tirant.net/index.php/empresa/politicas-de-empresa* nuestro procedimiento de quejas.

Responsabilidad Social Corporativa: http://www.tirant.net/Docs/RSCTirant.pdf

Índice

I. Introducción. Algunas reflexiones sobre bien jurídico y consentimiento

Es por todos conocido que las normas no son puros imperativos que dependen de la arbitrariedad del legislador, como que los delitos son creaciones que, la mayoría de las veces, nacen completas, con todos sus elementos configurativos, aun cuando muchas veces también esas normas que dan origen al delito deben ser interpretadas o completadas para su correcta aplicación al caso concreto.

En el análisis del delito —como en cualquier otro discurso jurídico penal— se torna indispensable incursionar en la problemática del bien jurídico que matiza el tipo de injusto; se trata de una pieza central en el análisis de la figura legal, ya sea por lo que su propio nombre indica —como rúbrica de un Capítulo o de un Título— o bien por lo que significa en la interpretación del propio tipo penal.

Sin un bien jurídico que proteger —en el marco de una política criminal implementada desde la Constitución en un Estado de Derecho—, toda creación delictiva implicaría una violación del tamiz impuesto al legislador por el artículo 19 de la Carta Fundamental, en cuanto se trataría de una acción u omisión inofensiva para el orden y moral públicos y los derechos de terceros.

La ley penal siempre debe ser, consiguientemente, la consecuencia de una valoración previa de un interés, bien o valor que la sociedad reclama su protección. De aquí que una ley penal sólo puede encontrar justificación normativa dentro del sistema penal, si está encaminada a la protección de un bien jurídico. La antijuricidad de una conducta es relevante, en la medida que constituya un ataque o vulneración de un bien jurídico.

Lo injusto, que formalmente es la contradicción entre un acto y una norma encuentra su dimensión material profundizando en la misión que aquella norma transgredida cumple. Y, del mismo modo, sus normas sólo pueden orientarse a la protección de bienes jurídicos. Resulta así que un bien jurídico, en cuya custodia encuentra su fundamento el Derecho penal, es aquello que por haber sido atacado (destruido o puesto en peligro) confiera la plena característica de injusto al acto enjuiciado[1].

No hemos de entrar aquí en el centenario debate en torno a si el consentimiento de la persona titular del bien jurídico protegido excluye la antijuricidad o antinormatividad (como causa de justificación) o excluye la tipicidad de la conducta (como causa de atipicidad), pero sí hemos de esbozar algunas breves consideraciones acerca de la temática en relación con los delitos contra la libertad sexual, que es el tema que ocupa nuestro interés en esta ocasión[2].

---

1 Conf. QUINTERO OLIVARES Gonzalo (con la colaboración de Fermín Morales Prats y Miguel Prats Camut), *Curso de Derecho Penal*, parte general, pág. 244, Cedes Editorial, Barcelona, 1997.

2 Sobre el consentimiento en derecho penal, existe una inacabable bibliografía, por lo que hemos de sugerir sólo aquella que nos ha parecido de mayor interés: SOLER Sebastián, *Tratado de Derecho penal*, parte especial, 6ta. edición actualizada (actualizador Jorge Eduardo BUOMPADRE), Tomo I, págs. 406 y sig., Editorial Astrea, Buenos Aires, 2022; POLAINO-ORTS Miguel, *Alegato en favor de un tratamiento jurídico-penal unitario para los casos de acuerdo y consentimiento como causa de atipicidad*, en Cuadernos de Política Criminal, Segunda Época, N° 82-I, Zaragoza, 2004; BUSTOS RAMÍREZ Juan, *Manual de Derecho penal*, parte general, 4ta. ed. corregida y puesta al día por Hernán Hormazábal Malareé, pags.326 y sig., PPU, Barcelona, 1994; KINDHÄUSER Urs, *El consentimiento en el derecho penal, Reflexiones desde la teoría de las normas*, Boletim Da Facultade de Direito, N° 99, Universidad de Coimbra, 200; ROXÍN Claus, *Acerca del consentimiento en el derecho penal*, La teoría del delito en la discusión actual, traducción de Manuel Abanto Vásquez, págs. 259 y sig., Editora Jurídica Grijley, Lima, Perú, 2007; CASAS BARQUERO Enrique, *El consentimiento en el derecho penal*, Córdoba, 1987; CEREZO MIR José, *Derecho penal*, parte general, págs. 647 y sig., IBdeF, Montevideo-Buenos Aires, 2008; QUINTERO OLIVARES Gonzalo (con la colaboración de Fermín Morales Prats y Miguel Prats Camut), *Curso de Derecho Penal*, parte general, págs. 442 y sig., Cedes Editorial, Barcelona, 1997; MIR PUIG

Sin perjuicio de ello, desde nuestro punto de vista, el consentimiento o aprobación de la conducta, realizado por la persona que es titular del bien jurídico protegido, tiene la virtualidad de eliminar el tipo penal; se trata, por ende, de una causal de atipicidad de la conducta. Ello así, por cuanto no es posible concebir la existencia de un ilícito penal sin la lesión o puesta en peligro de un bien jurídico.

Si el titular del bien jurídico "libertad sexual", aprueba y consiente en tener relaciones sexuales con otra persona, esto es, en expresar su voluntad de tomar una decisión en sentido positivo en materia sexual, disponiendo libremente de lo que es su propio interés (bien jurídico), entonces no existe delito sexual, por cuanto, aquí, el consentimiento juega un rol excluyente de la tipicidad penal. En los delitos de abusos sexuales —como ha puesto de relieve Cerezo Mir—, el consentimiento excluye el ataque a la libertad sexual y, con ello, la tipicidad de la conducta[3].

Santiago, *Derecho penal*, parte general, 5ta. ed., págs. 516 y sig., Barcelona, 1998.

3 Conf. CEREZO MIR José, *Derecho penal*, parte general, págs. 648, IBdeF, Montevideo-Buenos Aires, 2008. Con igual opinión, ROXÍN Claus, *Acerca del consentimiento en el derecho penal*, La teoría del delito en la discusión actual, traducción de Manuel Abanto Vásquez, págs. 261, Editora Jurídica Grijley, Lima, Perú, 2007, al decir, "cuando una mujer consiente en el acto sexual, la conducta del hombre no puede ser típica de una violación". CASAS BARQUERO Enrique, *El consentimiento en el Derecho penal*, Córdoba, 1987, págs. 31 y sig.: "Existen figuras delictivas en las que junto a la existencia de un bien jurídico se protege la libertad de disposición (por ej., en el hurto, la violación o el allanamiento de morada); en otros delitos, es precisamente la libertad de disposición misma la que constituye el bien jurídico, esto es, la libertad de la persona, sin más (por ej. detenciones ilegales, coacciones, delitos contra la libertad en general). En estos supuestos, sin hay conformidad, es decir, falta oposición del sujeto pasivo con la realización de la conducta descrita, no se realiza el tipo de delito. Desaparece así la lesividad de la conducta. La existencia de delito supone el que haya de irse o actuar contra o sin la voluntad del sujeto pasivo y su libre ejercicio, no dándose, por el contrario, cuando la voluntad del sujeto pasivo no resulta atacada. Así, ..., no puede configurar el delito de violación si la mujer mayor de doce años consiente en la habitación, ni hay delitos de abusos deshonestos cuando se tolera el acto impúdico". ACALE SÁNCHEZ

El motivo decisivo para admitir que cualquier consentimiento efectivo excluiría el tipo —en palabras de Roxín—, radica en la teoría liberal del bien jurídico referida al individuo. Si los bienes jurídicos deben servir para el libre desarrollo del particular, no puede existir una lesión del bien jurídico cuando una acción se basa en una disposición del portador del bien jurídico que no afecta su libre desarrollo, sino por el contrario constituye su expresión... en un consentimiento efectivo, concluye el profesor de Múnich, desaparece el desvalor del resultado y con él desaparecen el desvalor de la acción y el tipo de delito[4].

La expresión válida del consentimiento implica la expresión de disposición del bien jurídico del que se es titular. Por lo tanto, al no existir un conflicto, un hecho (que en ello consiste, en definitiva, la prestación del consentimiento) para cuya resolución deba intervenir el derecho penal, no hay delito, por ausencia de tipicidad. Si dos personas adultas, capaces, se ponen de acuerdo para mantener una relación sexual determinada, no podría decirse que se trata de una "acción justificada" por el Derecho, sino de una acción que carece de relevancia para el Derecho, pues carece de capacidad para poner en peligro o lesionar el bien jurídico libertad sexual. Las acciones neutras al Derecho también lo son también para el Derecho penal; por lo tanto, el consentimiento de la persona titular del bien jurí-

---

María, *Delitos sexuales: razones y sin razones para esta reforma*, quien expresa que "Al ser la libertad sexual un bien jurídico de carácter disponible, el consentimiento es una causa de atipicidad", disponible en dialnet-delitos-sexuales-8199320-PDF. En un mismo sentido, SUÁREZ RODRÍGUEZ Carlos, *El delito de agresiones sexuales asociadas a la violación*, págs. 313 y sig., Aranzadi Editorial, Pamplona, 1995. Igualmente, SOLER Sebastián, *Tratado de Derecho penal*, parte especial, 6ta. edición actualizada (actualizador Jorge Eduardo BUOMPADRE), Tomo I, pág. 409, Editorial Astrea, Buenos Aires, 2022, quien sostuvo que "el consentimiento —dentro de su esfera de validez— le quita al acto consentido su contenido de ilicitud en un sentido objetivo".

[4] Conf. ROXÍN Claus, *Acerca del consentimiento en el derecho penal*, La teoría del delito en la discusión actual, traducción de Manuel Abanto Vásquez, págs. 268 y 272, Editora Jurídica Grijley, Lima, Perú, 2007.

dico protegido, prestado en condiciones normales de discernimiento, intención y libertad, esto es, que no haya sido obtenido o arrancado mediante el empleo de violencia, intimidación, engaño o cualquier otra forma de coerción, es totalmente eficaz y actúa destipificando la conducta.

El consentimiento para el acto sexual debe prestarse con anterioridad o simultáneamente a su realización y para un acto determinado. El consentimiento en Derecho penal —se tiene dicho— ha de ser otorgado con anterioridad al acto que se autoriza y ha de prevalecer su validez en el momento del inicio de la acción[5]. No es válida penalmente la ratificación o la prestación de un consentimiento conferido después de la acción[6]. De todos modos, el consentimiento otorgado originalmente bajo ciertas y determinadas condiciones, debe mantenerse bajo las mismas circunstancias durante toda la relación sexual, algo que nos parece, hoy por hoy, que debiera estar fuera de toda discusión[7].

Con ello se quiere decir que, si el agente avanza hacia otros actos sexuales no autorizados (por ej., le han sido permitidos besos y caricias y el sujeto activo, sin el correspondiente permiso, accede carnalmente a su pareja; o, en una relación originalmente consentida con la protección de un preservativo, pero durante el acto sexual el autor se lo quita subrepticiamente, sin conocimiento y acuerdo de su pareja[8]), deberá ser responsabilizado por el último acto

---

5 Conf. CASAS BARQUERO Enrique, *El consentimiento en el derecho penal*, pág. 83, Córdoba, 1987.

6 Conf. POLAINO NAVARRETE Miguel, *El bien jurídico en el Derecho penal*, Anales de la Universidad Hispalense, Serie Derecho, N° 19, pág. 346, Publicaciones de la Universidad de Sevilla, 1974.

7 Claramente, cuestionando el slogan "no es no" —considerándolo hoy en día sin ningún sentido— Norberto J. DE LA MATA BARRANCO nos dice "Lo importante es que se manifieste el SI, un sí, además, que se mantenga mientras dure la relación" (*Derecho penal, principios, interrogantes y reflexiones*, pág. 210, Comares Editorial, Granada, 2022).

8 Esta práctica, conocida con el término anglosajón *stealthing* (que significa sigilosamente, ocultamente), consiste en quitarse el preservativo durante el curso de la relación sexual o no ponérselo simulan-

realizado, sin perjuicio de las dificultades probatorias que se presentarían en un caso de estas características, situaciones que deberían, también, ser merituadas en cada asunto en particular, en el plano de la realidad, especialmente en los casos de *stealthing*.

La prestación del consentimiento no es trasladable ni intercambiable, implica —eso sí— un acto afirmativo o aprobatorio de una conducta, pero siempre es revocable. Si bien cada país es soberano en establecer sus propias reglas, entre nosotros hay consenso en que puede ser otorgado en forma expresa o tácita, pero no presunta[9]. En suma, lo

---

do hacerlo, sin el consentimiento de la otra persona. Esta práctica plantea cuestiones que no se pueden analizar aquí exhaustivamente, pero sí podemos señalar que existen opiniones encontradas, tanto en doctrina como en jurisprudencia, en el sentido de considerarla una agresión o un abuso sexual no consentido (por el retiro del preservativo sin conocimiento de la otra parte) o bien un delito de violación por la concurrencia de una penetración no consentida sin preservativo, dándose una afectación de la libertad sexual de la persona que ha prestado el consentimiento inicial para mantener una relación sexual condicionada al uso de preservativo; pero, están aquellos que piensan, contrariamente, que no se trata de una relación sexual forzada (por la concurrencia de un consentimiento inicial), sino una conducta sexual no querida por quien prestó el acuerdo inicial, opinión que sugiere la no intervención del derecho penal (no habría violencia, intimidación, abuso ni engaño). De todos modos, nos parece que tal vez lo más conveniente para abordar el tratamiento de esta práctica desde un punto de vista punitivo, de *lege ferenda*, sería analizar la conveniencia de tipificarla directamente como delito, con una penalidad proporcional a la gravedad del injusto (como, por ejemplo, se ha hecho en algunos países con el *sexting* o difusión de imágenes o videos de contenido sexual sin consentimiento), o reenviarla al derecho civil por las posibles consecuencias que resultan perjudiciales para la mujer, como por ejemplo un embarazo no deseado, un trauma psicológico o el contagio de alguna enfermedad (Confr., por todos, GARCÍA María Fernanda, Complejidades del "no es no": un análisis del *stealthing* como fenómeno que afecta la autonomía sexual y el consentimiento personal, disponible en palermo.edu).

9 Confr. CREUS Carlos, *Derecho penal*, parte general, 5ta. edición, págs. 302 y sig., Editorial Astrea, Buenos Aires, 2003; GONZÁLEZ Ramón Luis, *Derecho penal*, parte general, págs. 318 y sig., Editorial Astrea, Buenos Aires, 2018; RIGHI Esteban, Derecho penal, parte general,

único importante en Derecho penal —volviendo a Cerezo Mir—, es si el consentimiento constituye una expresión de la libertad de decisión de la persona[10].

A propósito del cometido del derecho penal como tutor de bienes jurídicos, destacaba Jescheck que el tipo parte de la norma, y la norma del objeto de tutela, así como que casi todos los tipos de delitos se configuran en virtud de uno o varios bienes jurídicos. La cuestión de si existen preceptos penales sin referencia alguna a un bien protegido, decía el jurista alemán, es dudosa, pero desde luego ha de ser contestada en sentido afirmativo respecto de determinados tipos delictivos. El objeto de tutela constituye concepto central del tipo según el cual se orientan todas las características objetivas y subjetivas, y con ello integra al propio tiempo un importante instrumento de interpretación. El bien jurídico representa, además, en cuanto pieza fundamental en la construcción del tipo, un punto de vista sistemático decisivo en el proceso creador de grupos de supuestos delictivos[11], con lo que queda claro, no solo la interconexión existente entre tipo penal y bien jurídico, sino también entre bien jurídico y consentimiento.

El consentimiento no es un agente extraño en la teoría del bien jurídico, sino todo lo contrario, sólo puede

---

págs. 191 y sigs., LexisNexis, Buenos Aires, 2008; CORTÉS DE ARABIA Ana María, *Causas de justificación*, en Derecho penal, parte general, Libro de Estudio (varios autores), Dir. Carlos J. Lascano, pág. 459 y sig., Advocatus, Córdoba, 2002.

10 Conf. CEREZO MIR José, *Derecho penal, parte general*, págs. 651, IBdeF, Montevideo-Buenos Aires, 2008.

11 Cit. por POLAINO NAVARRETE Miguel, *El injusto típico en la teoría del delito* (presentación: Jorge Eduardo BUOMPADRE), págs. 450 y sig., Mave Ediciones, Corrientes, 2000. En la página 568 de esta obra, dice el catedrático de Sevilla que "...la función esencial del bien jurídico se realiza en el ámbito concreto del tipo de injusto, por cuanto una incidencia material o psíquica —dentro de los límites de espiritualización reconocidos por el ordenamiento positivo— sobre el bien jurídico, contemplado en las singulares descripciones legales, viene a servir de fundamento material para la determinación del carácter antijurídico del acto típico...".

consentir válidamente quien tiene derecho respecto de un bien jurídico del que es titular. De aquí la estrecha conexión entre bien jurídico y consentimiento a que hacíamos referencia.

Ya decía SOLER que "el fundamento de la eficacia del consentimiento está en que los bienes jurídicos a los cuales la tutela se refiere, son bienes jurídicos en cuanto el privado los considera y trata como valiosos, de modo que el otorgar permiso para su destrucción ellos se tornan inidóneos como objetos de una violación jurídica, dado que no son protegidos en su materialidad por el derecho, sino en cuanto son objeto de interés de parte del privado"[12]. Es claro que esta sentencia de SOLER requiere de mayor explicación cuando la disposición del bien jurídico tiene relación con menores de edad o enajenados, cuestiones que serán analizadas en detalle más adelante.

No obstante lo expuesto, muchas veces no es suficiente con la rúbrica que indica un Capítulo o un Título para interpretar un tipo de injusto, aunque se trate de una denominación claramente orientativa o de faro interpretativo respecto del sentido y alcance de los tipos delictivos que comprende, sino que debe darse una conexión con la propia dicción del tipo legal de que se trate, pues la denominación seleccionada por el legislador no implica una elección realizada al azar, sino una opción estrechamente enlazada a la figura que se pretende sancionar. El bien jurídico se convierte así en un camino que guía —no solamente a la política legislativa sino también a la dogmática— hacia el mejor sentido y alcance que podría dársele a cierto y determinado tipo de injusto[13].

---

12 Conf. SOLER Sebastián, *Tratado de Derecho penal, parte especial*, 6ta. edición actualizada (actualizador Jorge Eduardo BUOMPADRE), Tomo I, pág. 409, Editorial Astrea, Buenos Aires, 2022.

13 Conf. RIBAS Eduardo Ramón, *Minoría de edad, sexo y Derecho penal*, Thomson Reuters Aranzadi, pág. 24, Navarra, 2013, quien destaca, precisamente, que "la rúbrica de un título del Código penal, y la ubicación en su seno de una determinada figura delictiva, no necesariamente dan noticia de su verdadero objeto de protección", trayen-

Dicho de otro modo, si el legislador ha introducido un particular elemento al tipo penal —que lo especializa o lo dimensiona específicamente—, se convierte en un elemento que debe ser considerado prioritariamente por el interprete y aplicador de la ley, siempre vinculado al bien jurídico de que se trate.

La interpretación correcta de un tipo penal —como antes se dijo— se debe realizar, naturalmente, desde la perspectiva del bien jurídico, con arreglo al principio de que "sólo es delito toda conducta, activa u omisiva, violatoria de un bien jurídico", pero aun así, es verdad que en ciertos casos, también hay que recurrir —como ya se destacara— no sólo a la dicción del bien jurídico sino también a la dicción del tipo de injusto, toda vez que —muchas veces— el legislador piensa en una conducta determinada pero termina sancionando una distinta, vale decir que cuando el legislador trabaja sobre una idea concreta pero termina sancionando una ley que regula una situación distinta, hay que estar a lo que dice la ley y no a lo que quiso decir el legislador. La voluntad de la ley —decía Soler— vale más que la voluntad del legislador[14].

El Profesor Emérito de la Universidad de Sevilla D. Miguel Polaino Navarrete, expresó en su día una frase que alumbra claramente lo que significa el bien jurídico en

---

do a colación la opinión de un sector doctrinal (Orts Berenguer y Alonso Rimo, nota 11), quienes manifiestan que "...si la pretensión del legislador mediante la referencia a la indemnidad sexual en la rúbrica de dicho Título VIII era subrayar el bien jurídico tutelado, cometió un error, pues las rúbricas no deciden esta cuestión en forma definida, pues el objeto de protección viene determinado por la configuración y el contenido de la norma encargada de su protección".

14 Conf. SOLER Sebastián, *Tratado de Derecho penal, parte general* (actualizador: Jorge Eduardo BUOMPADRE), 6ta. edición, Tomo 1, pág. 146, Editorial Astrea, Buenos Aires, 2022. No es misión de la doctrina aceptar acríticamente, legitimar, cuantas ocurrencias surjan del legislador bajo la etiqueta de bien jurídico (conf. SOLARI MERLO Mariana N., La identidad digital ante el derecho penal, pág. 155, Aranzadi, Pamplona, 2023).

todo sistema penal: destacar el valor del bien jurídico en el derecho penal, decía el catedrático hispalense, constituye tarea obvia, pero en todo caso ineludible. El reconocimiento del concepto de bien jurídico representa un presupuesto básico imprescindible para la justificación normativa del sistema penal, y no sólo para la legitimidad del sistema penal, sino también para garantizar de algún modo la convivencia en sociedad. Sin la presencia de un objeto de protección que por su importancia social demande la garantía de una conminación penal, el derecho penal carecería de sentido como orden jurídico de valor y como medio de control social. El derecho penal sólo puede intervenir, es decir, tiene legitimidad para ello, sólo cuando está orientado a proteger un bien jurídico que el legislador, de antemano, ha evaluado y cualificado como necesitado y merecedor de protección penal. El principio de exclusiva protección de bienes jurídicos representa, no sólo un límite al poder penal del estado sino también un camino para una eficaz tarea político criminal, pues garantiza la vigencia del principio de proporcionalidad en la punición de las conductas (por ej. la pena de un acto preparatorio no puede ser igual o mayor que la de un delito consumado; ni la de un delito de peligro respecto de un delito de resultado), como así también se convierte en un presupuesto fundamentador del ilícito penal[15].

Por lo tanto, la sola realización de la conducta prevista en el tipo de injusto no es suficiente para configurar un delito, si no concurre, al mismo tiempo, la lesión o puesta en peligro de un bien jurídico, situación que se presenta

---

15 Conf. POLAINO NAVARRETE Miguel, *El injusto típico en la teoría del delito* (presentación: Jorge Eduardo BUOMPADRE), MAVE Ediciones, pag.319, Corrientes, 2000. Del mismo, conjuntamente con Miguel POLAINO-ORTS, *Derecho penal, Modernas Bases Dogmáticas*, Editorial Jurídica Grijley, pag 229, Lima, Perú, 2004. Sobre cuestiones relacionadas con la interpretación de la ley penal, debemos recordar que SOLER decía, precisamente, que la mejor guía para interpretar la ley es la que suministra el claro discernimiento del bien jurídico tutelado por el precepto que se quiere interpretar (op. cit., Tomo I, pág. 156).

cuando la acción típica penetra o pone en peligro el bien jurídico protegido. La coacción estatal se debe justificar de alguna manera, y esa manera es el bien jurídico, cuya principal función es, precisamente, limitarla.

En el campo de la moral sexual, el derecho penal no puede distanciarse de las necesidades de la sociedad de preservar ciertos y determinados bienes e intereses que son imprescindibles para mantener el orden social; de lo contrario, se correría el riesgo de penalizar el derecho de toda persona a tener (y gozar) de una sexualidad en libertad, fundamentalmente cuando el ejercicio de ese derecho es realizado por personas mayores de edad, como sucedió con el Código penal alemán de 1871 que castigó como delito la homosexualidad simple (entre adultos, sin violencia, ni intimidación, ni abuso de superioridad y en privado) y los actos deshonestos con animales (bestialidad)[16].

En una sociedad pluralista y democrática, el derecho penal debe mantenerse al margen de toda incursión en la vida privada de los individuos. Al Estado le está vedado auscultar, con el prismático de la pena, la moral de las personas. No se trata de proteger a través de la pena una concepción moral determinada, sino de proteger bienes jurídicos que interesa a la sociedad preservar. El derecho penal es la ultima *ratio*, sólo se presenta como imprescindible cuando no hay otra opción posible en la tutela de un bien jurídico con relevancia social.

De aquí que, por imperativo del principio de legalidad, sólo puede castigarse como delito una conducta descripta en una ley, que lesione o ponga en peligro un bien jurídico que el legislador a decidido otorgar protección penal.

El principio de exclusiva protección de bienes jurídicos —como uno de los límites a que está sometido el *ius puniendi* estatal—, es propio de un Estado social y democrático de Derecho y se circunscribe a un axioma específico: sólo se

---

16 Conf. CEREZO MIR José, *Derecho penal, parte general*, IBdeF, pág. 8, Buenos Aires-Montevideo, 2008.

puede acudir al Derecho penal para proteger bienes jurídicos[17], lo cual implica que el complemento de todo delito es el bien jurídico protegido por la norma penal.

---

17 Conf. GARCIA-PABLOS Antonio, *Derecho penal, Introducción*, Universidad Complutense, Facultad de Derecho, Servicio de Publicaciones, pág. 264, Madrid, 1995. GARCIA CAVERO Percy, *Derecho penal, parte general*, pág. 113, Ideas SAC, 3ra. edición, Lima (Perú), 2019.

II. El bien jurídico en los delitos sexuales

El bien jurídico no sólo constituye un presupuesto indispensable en la interpretación de una figura delictiva, sino que se concreta —como antes se dijo— en un auténtico límite a la facultad punitiva del Estado, dando sustancia y contenido a la antijuricidad que se patentiza en el precepto legal.

En cuanto concierne a los delitos sexuales, mucho se ha dicho y discutido sobre ellos, desde todas las áreas del conocimiento. En palabras de Sáinz-Cantero Caparrós, los delitos sexuales o contra la libertad sexual, conforman una de las materias más significativas, complejas y delicadas en su previsión político criminal, hasta el punto que de los mismos se ha afirmado, con razón, que permiten deducir la efectiva vigencia, o en su caso su manifiesto incumplimiento, de los más esenciales principios limitadores del Derecho penal[18]. A su turno, Vives Antón, no sin razón también, decía que la determinación del bien jurídico categorial en estos delitos fue siempre un problema[19], debido fundamentalmente a que las posturas doctrinales sobre la rúbrica más adecuada a los tipos delictivos encuadrados en esta categoría, han sido, a lo largo de los tiempos, multiformes, excesivamente variadas en sus contenidos y claramente acomodaticias a los tiempos y costumbres sociales y culturales circundantes.

---

18 Conf. SÁINZ-CANTERO CAPARRÓS José E., *Sistema de derecho penal*, parte especial (Dirección, Lorenzo Morillas Cueva), 4ta. ed., pág. 261, Dykinson S.L., Madrid, 2021.

19 VIVES ANTÓN Tomás S., Prólogo, en *Delitos contra la libertad sexual* de Enrique ORTS BERENGUER, Tirant lo Blanch Alternativa, Valencia, 1995.

Desde la honestidad como bien jurídico prevalente, pasando por la honra de las mujeres honradas, el pudor individual (o público, según la tipología de que se trate), la moral y las buenas costumbres (Pacheco llegó a decir del delito de violación que era algo más que un atentado a la honestidad, era un atentado contra las personas, "casi podría decirse —afirmaba el jurista español—, que pertenece al género de las lesiones"), hasta las más modernas concepciones que se ubican —algunas veces ajustadamente— entre intereses vinculados a la libertad de los individuos (por lo general en personas adultas) y otros más orientados a censurar el peligro de daño que algunas conductas sexuales pueden provocar en menores de edad o en personas con capacidades diferentes.

No es momento, ciertamente, de ocuparnos de analizar el inveterado debate que generó la rúbrica *honestidad* (proveniente del Código penal español de 1848) en la intitulación original de estos delitos, pero sí nos parece que —por su tenaz permanencia durante más de 75 años, como común denominador de los delitos contenidos en el Título III, del Libro II, del Código penal—, cabe recordar algunas de las críticas que provocó su innegable insuficiencia para comprender a todas las infracciones allí comprendidas, si es que es posible, y no un vano deseo, sostener una tesis que abarque la totalidad de las figuras aglutinadas en el mencionado Título III.

La voz honestidad nunca fue ni pudo haber sido un bien jurídico que, necesariamente, deba ser protegido por el Derecho penal, por cuanto, por un lado y más allá de tratarse de una expresión sumamente vaga, anacrónica, ambigua e imprecisa, cuya interpretación, para hacerla comprensible, terminaba siendo identificada con un orden moral sexual que llevaba a castigar el mero pecado, era evidente que no abarcaba al conjunto de delitos tipificados en el Título III (por ejemplo, no se podía predicar honestidad en un niño de corta edad, ni tampoco aludía a un colectivo de personas reputadas deshonestas —v.gr. prostitutas—, circunstancias que conducían inevitablemente a la atipicidad de conductas que encajaban claramente en alguna de las figuras contenidas en el Título) y, por otro lado, el concepto, por su propia esencia, no expresaba una relación entre una persona y un bien, o si se quiere, no conformaba un interés directamente violable, debido a que no era, ni es, un elemento o condición ajena al sujeto, separable como algo exterior e independiente del individuo, sino una cualidad propia del mismo, la que, como tal, sólo se destruye por sus propios actos, no por el ataque que pudiera sufrir la persona por parte de un tercero.

Por aquellos primeros tiempos del Código penal, la voz honestidad selló indefectiblemente los límites entre la conducta sexual que debía considerarse delictiva y aquella otra que quedaba al margen de la intervención penal. Nada escapaba al cerco tendido por el concepto de honestidad, pues desde allí se debía partir en cualquier análisis que se pretendiera hacer de estas infracciones (especialmente en temas muy álgidos para la época como el adulterio de la mujer, la violación de la esposa y de la prostituta, la mujer honesta en el estupro, el concepto de obscenidad, la corrupción de mayores de edad, el problema del consentimiento, etc.

La exigencia de honestidad para ser acreedor a la protección penal, constituía una notoria transgresión al principio constitucional de igualdad ante la ley, pues creaba un sistema clasista y discriminatorio, clasificando a las personas en buenas (honestas), que merecían la protección de la ley, y malas (deshonestas) que no la merecían[20], por caso,

---

20 Respecto de esta cuestión y analizando el artículo 120 del Código penal en su texto original (cuya redacción establecía que "Se impondrá reclusión o prisión de tres a seis años, cuando la víctima fuere mayor de doce años y menor de quince y no se encontrare en las circunstancias de los números 2 y 3 del artículo anterior"), destacaba HENDLER que "...la regla de la edad de iniciación (sexual) reconocía una distinción reflejada en otra disposición del Código. Ella no era idéntica en los dos sexos. El acceso con mujer mayor de doce y menor de quince también resultaba castigado... prescindiéndose por completo de cualquier circunstancia connotativa de dañosidad,

la prostituta, quien —según recuerda Acale—, era considerada las más deshonesta de todas las mujeres y, por lo

---

engaño, seducción o violencia. Lo que se penaba era el hecho en sí de la relación sexual. El dato de que en este caso sólo resultaba alcanzado el acceso con mujer, pero no el del varón, permitía traducir la regla de la edad de la siguiente forma: el acceso carnal estaba permitido a partir de los doce años con varones, pero sólo a partir de los quince con mujeres... A su vez, el recaudo impuesto por el art. 120 de que se trataba de lo que el Código llamaba "mujer honesta", comprobaba que el objeto de protección reconocía motivos éticos, y no biológicos. Esto era así desde el momento en que se admitía que podía haber mujeres "no honestas" y, por ende, ya iniciadas sexualmente, lo cual indicaba que la propia ley admitía el desarrollo y aptitud sexual en edades inferiores al límite fijado" (HENDLER Edmundo S., *Los Tabúes sexuales en el Código penal argentino*, Doctrina Penal, Año 5, Nos. 17/20, págs. 253 y sig., Ediciones Depalma, Buenos Aires, 1982). Lo cierto es que aquél viejo delito de estupro del Código penal de 1921, destacaba por su inconstitucionalidad, pues no trataba a todas las mujeres por igual, habida cuenta de que sólo merecían la protección de la ley las mujeres consideradas honestas. En rigor de verdad, el texto actual del art. 120, en cuanto establece "Será reprimido con prisión o reclusión de tres a seis años el que realizare algunas de las acciones previstas en el segundo o en el tercer párrafo del artículo 119 con una persona menor de dieciséis años aprovechándose de su inmadurez sexual, en razón de la mayoría de edad del autor, su relación de preeminencia respecto de la víctima, u otra circunstancia equivalente, siempre que no resultare un delito más severamente penado", no difiere mucho del texto anterior, por cuanto se deriva del precepto legal que lo que se pena —igual que antes— es la relación sexual en sí misma de una persona menor de 16 años, a quien se considera, automáticamente, carente de madurez sexual, o dicho de otro modo, carente de capacidad para tomar decisiones en su vida sexual, circunstancia que choca de frente, por un lado, con el límite de iniciación sexual que el propio legislador ha establecido a los 13 años (circunstancia reveledora de que, para el legislador, a partir de los 13 años de edad, la persona tiene madurez sexual) y, por otro lado, con las normas legales y convencionales que califican a los menores de edad como sujetos de derecho, es decir, como personas con capacidad para tomar decisiones en su vida sexual. Por otra parte, el nuevo texto del art.120 permite deducir que, cualquier persona menor de 16 años de edad (el límite mínimo debería determinarse en cada caso en particular), tiene libertad para mantener una relación sexual con otra persona, salvo que se pruebe, en el caso concreto, que carece madurez sexual y el sujeto activo se ha aprovechado de tal situación.

tanto, no podía ser sujeto pasivo de un delito contra la honestidad[21].

Por otra parte, y en relación al viejo delito de estupro, en la versión del derogado artículo 120 del Código penal, no parecía dogmática (ni moralmente) correcto sostener que una persona era honesta si mantenía relaciones sexuales exclusivamente dentro del matrimonio y, en iguales circunstancias, no lo sea la mujer soltera por el sólo hecho de no haber cumplido los 15 años de edad.

---

21 Conf. ACALE SÁNCHEZ María, *Tratamiento penal de la violencia sexual: la forma más primaria de violencia de género,* en La Manada. Un antes y un después de la regulación de los delitos sexuales en España (Patricia Faraldo Cabana y María Acale Sánchez: Directoras), pág. 74, Tirant lo Blanch Alternativa, Valencia, 2018. Recuerda RODRÍGUEZ DEVESA, que en los Códigos penales españoles ochocentistas, se reducía la pena en casos de rapto o violación de una "mujer pública, conocida como tal" (Código de 1822) o si fuere una mujer "dedicada habitualmente a la prostitución" (Código de 1928), (*Derecho penal español,* parte especial, octava edición, pág. 170, nota 9, Madrid, 1980; igualmente CUELLO CALÓN Eugenio, *Derecho penal, conforme al Código penal, texto refundido de 1944,* Tomo II, parte especial, pag 528, nota 9, Bosch Casa Editorial, Barcelona, 1949). Recordemos que el Código penal de 1822 tipificaba el delito de violación sólo en casos en los que la víctima era una mujer, agravándose la pena si se trataba de una mujer casada y atenuándose si era una mujer pública. Entre nosotros, recuerda FONTÁN BALESTRA que González Roura decía "que si una correcta clasificación de los delitos debe estar informada de la calidad de ellos, en cuanto a su objetividad jurídica (hacía referencia a la honestidad como bien jurídico), en ese título no deberían figurar el adulterio, algunos casos de violación, abuso deshonesto, rapto y corrupción de menores, dado que en el primero no quedaba afectada la honestidad del cónyuge ofendido por la inmoralidad del adulterio del otro, y en los restantes no es una condición de la víctima, la que muy bien puede ser una prostituta" (Conf. *Tratado de Derecho penal,* T.V, págs. 25 y sig., Abeledo Perrot, Buenos Aires, 1969), con lo que queda claro que en el pensamiento de la vieja doctrina la prostituta no era —ni podía serlo— una mujer honesta. En la actualidad —seguramente con la pretensión de no volver a aquellos tiempos "pecaminosos"— el Código Orgánico Integral Penal de Ecuador, en el art. 175.4, establece que "El comportamiento público o privado de la víctima, anterior a la comisión de infracción sexual, no es considerado dentro del proceso".

Para que la honestidad pudiera ser el bien jurídico protegido en estos delitos (tal vez esta situación no haya sido advertida, entre nosotros, por algún sector de la doctrina clásica[22]), tal cualidad debiera haber sido propia del sujeto pasivo, atinente a su propia personalidad, algo que sólo podía ser predicable —en la legislación derogada— como elemento típico calificador de la persona en el delito de estupro, que hacía referencia a una relación sexual consentida con una "mujer honesta", cualidad personal que hizo decir a Jiménez de Asúa que la prostituta no podía ser violada por carecer del rasgo de la honestidad, afirmación evidentemente equivocada (pero tal vez con cierta lógica en aquellos tiempos), por cuanto de ser correcta la tesis, también habría que sostener la atipicidad de la conducta sexual en los casos de abusos de niños de corta edad o de personas oligofrénicas profundas o de otros incapaces, etc., por tratarse de personas, por una parte, imposibilitadas de expresar una voluntad determinada con respecto al propio sexo (algo que aun hoy se discute) y, por otra parte, de quienes no podría afirmarse que formaban parte de un conjunto de individuos deshonestos, por el solo hecho de reunir ciertas y determinadas condiciones y capacidades diferentes.

Más allá de la censura recibida por la generalidad de la doctrina, lo cierto es que, después de un largo período his-

---

[22] SOLER, sin embargo, ya advertía que el concepto de honestidad pecaba por exceso y por defecto. Por exceso, debido a que la propia expresión (que se empleaba en el sentido de "moralidad sexual") era inconveniente porque importaba el peligro de que una interpretación apresurada considerara que en este punto la ley hacia referencia al concepto religioso de honestidad, es decir, a la idea de que es deshonesta toda relación sexual fuera del matrimonio; pero, también resultaba inadecuado por defecto, pues existen otros intereses comprometidos por este género de hechos a los que la ley les acuerda evidente protección (el orden de la familia, la libertad sexual, el pudor, etc.), Confr. SOLER Sebastián, *Tratado de Derecho penal*, parte especial (actualizador Jorge Eduardo BUOMPADRE), 6ta. edición, Tomo 2, pág. 402 y sig., Editorial Astrea, Buenos Aires, 2022.

tórico en donde primó una notoria confusión entre derecho y moral (o, mejor dicho, entre delito y pecado), existe actualmente un marcado consenso —con ciertas matizaciones— de que el bien jurídico protegido en estos delitos es la libertad sexual de los individuos, al menos en casi todas las figuras comprendidas en el Título III.

Sin embargo, debemos reconocer que la nueva rúbrica que colorea el Título III del Libro II del Código penal, después de la reforma de la Ley 25.087 de 1999 —"Delitos contra la integridad sexual"—, cuyo advenimiento, por un lado, implicó la pretensión del legislador de poner nombre e identificar el objeto de protección (aún cuando no haya logrado satisfactoriamente sus objetivos), por otro lado significó un cierto avance en la búsqueda de una mejor respuesta, tal vez totalizadora, en torno de esta cuestión, pero sin delimitar ni especificar claramente cuál es "realmente" el bien jurídico protegido en el esquema heterogéneo y variado de delitos allí contenidos, en el que ninguna denominación ocupa un lugar preferente. El legislador —al no dar un contenido preciso a la rúbrica seleccionada—, ha decidido dejar en manos de la interpretación determinar cuál es el bien jurídico protegido en cada parcela de infracciones previstas, de manera tal que la expresión "integridad sexual", compleja por su propia polisemia, podría ser interpretada como una orientación meramente político-criminal o como un bien jurídico relativo a ciertos sectores de la comunidad pero excluyente de otros (como en los casos de menores de cierta edad, enajenados, como entiende un sector doctrinal).

Sin perjuicio de ello, aún así, chocando contra la patente ambigüedad de la nueva rúbrica, entendemos que el bien jurídico prevalente, tanto en casos de mayores como de menores de edad y enajenados, es la *libertad sexual* del sujeto pasivo, entendida como el *derecho de todo individuo a ejercer libremente su sexualidad o no verse involucrado sin su consentimiento en una relación sexual*; así, la libertad sexual se manifiesta como el *derecho de toda persona a su autorrealización o autodeterminación en el ámbito de su sexualidad*, la cual se ve amenazada, naturalmente, en el preciso momento en que un tercero involucra a otra persona en un contexto sexual sin su consentimiento[23].

Decíamos que, en la actualidad, existe un cierto consenso de que el bien jurídico protegido en estos delitos es la libertad sexual de los individuos, pero, sin embargo, este consenso se rompe cuando, en la relación sexual, intervienen menores o incapaces, hablándose en estos casos de intangibilidad o indemnidad sexual, de modo que —frente a esta situación— la consigna sería la siguiente: en casos de mayores de edad, existe libertad sexual que proteger, porque se trata de personas con autonomía para tomar decisiones acerca de su vida sexual; en casos de menores de edad o incapaces, por el contrario, no existe libertad sexual que proteger, porque estas personas no están en condiciones de expresar libremente un consentimiento, ni abrigar concepción alguna, cultural o valorativa, acerca de la sexualidad, ni, finalmente, poseer capacidad para autodeterminarse en la vida sexual (serían personas que carecen de autonomía para tomar decisiones en materia de sexualidad). Por lo tanto, en estos casos, hay que hablar de intangibilidad o indemnidad sexual.

Dicho de otro modo, si toda esta problemática tuviera relación únicamente entre personas adultas, o bien entre personas mayores de 13 años de edad, la cuestión se reduciría simplemente a determinar si el acto sexual fue la consecuencia de una situación de violencia, amenaza, engaño o cualquier otro tipo de coerción o aprovechamiento de la situación de vulnerabilidad de la víctima, pues —como es sabido— a partir de los trece años el menor deja de ser

---

23 Conf. BUOMPADRE Jorge Eduardo, *Tratado de Derecho Penal*, parte especial, Tomo 1, pág. 369, Editorial Astrea, Buenos Aires, 2009. Ibidem, Derecho penal, parte especial, 3ra. edición, págs. 187 y sig., Editorial ConTexto, Resistencia (Chaco), 2021. SOLER Sebastián, *Tratado de Derecho penal*, parte especial (actualizador Jorge Eduardo BUOMPADRE), 6ta. edición, Tomo 2, pág. 405, Editorial Astrea, Buenos Aires, 2022.

sujeto vulnerable para la ley penal en materia sexual (o, al menos, carente de madurez sexual) y su consentimiento libremente prestado tiene plena validez para el acto sexual de que se trate. Con otros términos, a partir de dicha edad, el menor adquiere plena libertad para determinarse con autonomía en sus preferencias y decisiones en materia de sexualidad.

El problema se presenta en menores de trece años de edad, pues el legislador en estas situaciones etarias ha consagrado en el artículo 119, 1er. párr. CP, una presunción *iuris et de iure*, negándoles a dichos menores capacidad para consentir o autodeterminarse en materia sexual, por lo que siempre existirá un delito sexual cuando el acto sexual sea llevado a cabo con un menor de esa edad, aun cuando el agente activo no haya abusado de él. Esta normativa —como se puede apreciar— encierra al menor en un callejón sin salida, pues le prohíbe toda relación sexual con terceras personas, presumiendo que no tiene la edad, la capacidad ni la madurez necesarias (o suficientes) para conducirse y tomar decisiones libremente en su vida sexual, aunque, por supuesto, reuna algunas de estas condiciones en el caso concreto.

Pero, claro está que, para los casos de mayores de trece años de edad pero menores de dieciocho, aun cuando en estos supuestos estemos ante menores que han alcanzado la edad del consentimiento sexual, la libertad sexual de la que disponen es una libertad sexual a medias pues, en algunas hipótesis son objeto de una protección extraordinaria (¿protección o perjuicio?) a través del delito de estupro[24], mientras que en otras directamente no disponen de libertad para mirar una revista con imágenes pornográficas o para asistir a un espectáculo pornográfico[25] (art. 128 CP),

---

[24] Conf. RIBAS Eduardo Ramón, *Minoría de edad, sexo y derecho penal*, pág. 228, Aranzadi, Navarra, 2013.Véase nuestra opinión respecto a esta cuestión en Tratado de derecho penal, cit., págs. 439 y sig.

[25] Confr. nuestra opinión al respecto en *Tratado de derecho penal*, cit., pág. 491.

proponiéndose en estos casos, para justificar el castigo, una afectación (o probable afectación) de la indemnidad o la intangibilidad sexual del sujeto pasivo.

Sin embargo, a poco de analizar toda esta problemática, se puede afirmar que en cualquiera de estos supuestos (mayores o menores de edad), el bien jurídico en juego es la libertad sexual, como trataremos de comprobar en lo que sigue.

Pero antes, conviene subrayar que el Código penal, por un lado, en modo alguno, hace mención a la indemnidad e intangibilidad sexuales como bienes jurídicos tutelables (ni en menores ni en mayores de edad) como, por ejemplo, sucedió con la reforma española impulsada por la LO 11/1999, de 30 de abril, que reemplazó la rúbrica "Delitos contra la libertad" del Título VIII —incorporada por la reforma de 1995—, por la de "Delitos contra la libertad e indemnidad sexuales", regresando nuevamente a su anterior denominación, "Delitos contra la libertad", por obra a la reciente reforma de la LO 10/2022, de 6 de septiembre, cuya exposición de motivos poco aporta en lo que concierne a este nuevo cambio de rúbrica, haciendo un escueta referencia expresando que "... en el marco de la legislación vigente, habrá que tomar en consideración, junto con la libertad sexual, la protección frente a las violencias sexuales cometidas contra menores o contra personas con capacidad jurídica modificada, como manifestación de la dignidad de la persona humana y el derecho que todo ser humano tiene a un libre desarrollo de su personalidad, sin intervenciones traumáticas en su esfera íntima por parte de terceras personas", párrafo del que se puede derivar como corolario que, por un lado, se pone énfasis en la libertad sexual de los "menores y de personas con capacidades diferentes", acentuándose como valor protegido, la dignidad y el derecho al desarrollo de la personalidad de los mismos y, por otro lado, se recoge la crítica doctrinaria, dejándose de lado la cuestionada indemnidad o intangibilidad sexuales como bienes jurídicos protegidos en casos de menores de edad y enajenados[26].

Sin perjuicio de las diferentes opiniones relativas al bien jurídico en estos delitos que se observa en la penalística contemporánea[27], nos parece que puede ser posible que, tanto la indemnidad como la intangibilidad sexuales, caracterizadas por la existencia de situaciones en las que el sujeto pasivo tiene derecho a estar "libre de todo daño o perjuicio" o "libre de ser tocado sexualmente", sean vulnerados por una conducta sexual abusiva, pero, en cualquier caso, lo que importa no son las consecuencias que pudieren causar estas conductas (que no hacen al tipo de injusto), sino si el sujeto pasivo ha tenido o no, en el caso particular, libertad de disposición del bien jurídico del que es titular, por cuanto, pese a tratarse de delitos de peligro o de pura actividad, siempre habrá de ser necesario, a los fines de la configuración típica, la concurrencia de actos físicos de tocamiento (porque no son suficientes la mera involucración del cuerpo de la víctima en una acción de contenido sexual) y, además, de que este tipo de acciones implicarán, la mayoría de las veces, la probabilidad de daño en el marco de una conducta sexual abusiva, bastando esa probabilidad para que se tenga por perfeccionado el delito, circunstancias que ponen de relieve la inutilidad de concebir aquéllos pronósticos de daño (bajo la rúbrica in-

---

26 Confr. el proceso de cambio de bien jurídico en el Código penal español en LÓPEZ PEREGRÍN Cármen, *Agresiones sexuales a menores de 16 años tras la reforma de 2022*, en La perspectiva de género en la ley del "solo sí es sí", Claves de la polémica (Dir. Pastora García Álvarez y Viviana Caruso Fontán; Coord. Marta Rodríguez Ramos), págs. 232 y sig., Colex, A Coruña 2023.

27 Véase en detalles la diversa opinión doctrinaria entre nosotros, en AROCENA Gustavo A., *Ataques a la libertad sexual*, Editorial Astrea, Buenos Aires, 2015; FIGARI Rubén E. (varios autores), *Código penal*, parte especial, La Ley Thomson Reuters, Tomo I, págs. 463 y sig., Buenos Aires, 2021. VILLADA Jorge Luis, *Delitos sexuales y trata de personas*, 3ra. ed., págs. 3 y sig., Thomson Reuters La Ley, Buenos Aires, 2017. BUOMPADRE Jorge Eduardo, *Tratado de Derecho penal*, parte especial, 3ra. ed. actualizada, Tomo I, pags.365 y sig., Editorial Astrea, Buenos Aires, 2009.

demnidad o intangibilidad) sexuales como el bien jurídico protegido en estas situaciones, porque siempre estará en juego —aun bajo la concurrencia de ciertos recaudos a determinar en cada caso en particular, como veremos más adelante—, la libertad sexual de los menores e incapaces.

La búsqueda de respuestas en torno de las diferentes cuestiones que se vienen exponiendo sobre la problemática del bien jurídico en abusos sexuales, fundamentalmente de menores e incapaces, requiere que hagamos un análisis de toda la temática desde una doble perspectiva, dogmática y constitucional; desde un enfoque dogmático, una vía de solución la encontramos en el propio tipo de injusto previsto en el 1er. párrafo del artículo 119 del Código penal (recordemos que el bien jurídico se encuentra íntimamente conectado al sentido o dicción de cada delito en particular) y, desde un enfoque constitucional, bajo una mirada específica de que la libertad sexual —como una parcela directa de un sector de la libertad individual— es un derecho fundamental del individuo (mayor o menor de edad), que impone que los tipos penales en cuestión se adapten a las exigencias de la Constitución nacional.

Desde una perspectiva constitucional, debemos partir de una premisa básica: que la libertad sexual es —como se tiene dicho— antes que nada, libertad, es decir, independencia de la voluntad, capacidad de determinación espontánea, en el ámbito de la sexualidad[28]. La libertad sexual no es sino una expresión, un segmento, de la libertad en general (libertad en ejercicio), circunscripta al desarrollo y capacidad evolutiva de la propia sexualidad.

La libertad sexual no presupone el ejercicio de un derecho diferente a otras manifestaciones de la libertad generalmente considerada. A lo sumo, se podría sostener que,

---

[28] Conf. ORTS BERENGUER Enrique, *Delitos contra la libertad sexual*, Tirant lo Blanch Alternativa, págs. 24 y sig., Valencia, 1995. Ibidem, ORTS BERENGUER Enrique y SUÁREZ-MIRA RODRIGUEZ Carlos, *Los delitos contra la libertad e indemnidad sexuales*, Tirant lo Blanch, Colección Los Delitos, No. 34, pag.17, Valencia 2001.

de existir una mayor lesividad valorativa, nos encontraríamos con un injusto superior, de mayor gravedad, pero el contenido siempre habrá de ser el mismo en relación a las formas de ataque al bien jurídico, debido —precisamente— a que no todo ataque a la libertad sexual de un individuo, configura, por tal motivo, un delito sexual.

Existen formas de ataque que, si bien implican un atentado contra la libertad sexual de una persona, no por ello necesariamente deben encajar en un tipo penal de los recogidos en el Título III. Imaginemos un ejemplo: el sujeto A pretende mantener una relación sexual consentida con el sujeto B, pero un sujeto C le prohíbe llevar a cabo esa relación bajo amenaza de proferirle un castigo (por ej. el padre que le prohíbe a la hija mantener relaciones sexuales consentidas con su novio, bajo amenaza de imponerle un castigo) o el ejemplo que nos brindan Morales Prats y García Albero, de aquel padre que, al sorprender a su hijo mayor de edad masturbándose en el baño, le obliga intimidatoriamente a abandonar su placentera actividad[29], ejemplos que ponen de relieve claramente de que se pone en evidencia una lesión a la libertad sexual de los sujetos involucrados, pero no se trata de conductas configurativas de un delito sexual sino, en todo caso, de un delito de coacción, como un atentado contra la libertad individual de aquellos, con lo cual queda suficientemente demostrado que no todo atentado contra el querer consiente de una persona en el ámbito de su sexualidad, configura un delito sexual.

Con lo que se acaba de exponer, se pone de manifiesto en que no es suficiente con un atentado al bien jurídico para tener por concretado lo punible, sino que es necesario verificar —aunque esta exigencia pareciera algo obvio— la concurrencia de un "acto sexual", esto es, una conducta con la que su autor involucra a otra persona en un contex-

---

[29] Conf. MORALES PRATS Fermin y GARCIA ALBERO Ramón, *Comentarios a la parte especial del Derecho penal* (Gonzalo Quintero Olivares, Director), pág. 232, Aranzadi Editorial, Navarra 1996.

to sexual (Diez Ripollés), es decir, en un ámbito específico y determinado por un contenido de sexualidad, del cual habrá de surgir (algo que se verá en cada caso en concreto) si la acción sexual encuadra o no en un delito sexual, analizando la concurrencia de cada uno de los elementos configurativos de cada tipo de injusto.

III. La triple visión que nutre el concepto de libertad sexual

En este marco de una discusión que lleva ya varias décadas, existe cierto consenso en la doctrina tradicional, que la libertad sexual viene siendo ceñida conceptualmente desde una triple perspectiva: dinámica positiva, estática negativa y mixta o integradora.

El primer enfoque hace referencia a la facultad del individuo para ejercer libremente la propia sexualidad, tanto en sus posibilidades como en la elección de las personas con quienes se desea que se vean involucradas en la acción sexual. El segundo enfoque tiene relación con el derecho de toda persona a negarse a tener relaciones sexuales en contra de su voluntad, esto es, a rechazar lo que no se desea soportar (derecho a repeler la agresión sexual de terceros). En esta vertiente, el individuo se reserva el derecho a tener relaciones sexuales con quien mas le plazca, expresión de la voluntad individual que ha hecho afirmar a alguna doctrina —más allá de que se pueda o no estar de acuerdo— que el bien jurídico protegido en los delitos de violación y estupro, era la reserva sexual de las personas[30] Una última

---

30 Conf. NÚÑEZ Ricardo C., *Derecho penal argentino*, Tomo IV, pág. 213, Bibliográfica Omeba, Buenos Aires, 1964, quien decía que "... en este Título (hace referencia a la rúbrica original honestidad) la protección se discierne a... la reserva sexual, como derecho del individuo a la incolumidad del consciente y voluntario trato de tipo sexual, elemento primordial de la libertad civil. El Código penal, al castigar la violación, el estupro, el abuso deshonesto y el rapto, sanciona ciertos modos coercitivos o abusivos o atentatorios contra la reserva sexual". Se enmarca en esta doctrina el profesor salteño, Jorge Luis VILLADA, aunque matizando en cada uno los delitos previstos en el art. 119 CP, destacando especialmente la reserva sexual en el delito de abuso sexual simple (que, en particular, denomina

pudicia personal sexual); en el abuso sexual grave (o sometimiento sexual gravemente ultrajante), destaca como objeto de protección la integridad y la libertad psico-física-sexual de la víctima; mientras que en el delito de abuso sexual con penetración (o acceso carnal abusivo por cualquier vía y medios o violación), en su versión actual, participa de la mayoría de la doctrina nacional, que considera como objeto de tutela la libertad de disposición sexual, agregando como bien jurídico —precisamente por las nuevas modalidades introducidas por la reforma de la Ley 27.352/17— a la dignidad sexual (*Delitos sexuales y trata de personas*, 3ra. ed., págs. 63 y sig., Thomson Reuters La Ley, Buenos Aires, 2017). A su turno, FIGARI (*Código penal, parte especial* —varios autores—, Tomo I, pág. 470, Thomson Reuters La Ley, Buenos Aires, 2021), haciendo una distinción (que diríamos aclaratoria en uno y otro caso) entre personas mayores y menores de edad, sigue la doctrina que considera a la libertad sexual como bien jurídico protegido en los casos de mayores "que tienen posibilidad de consentir o no maniobras de índole sexual", mientras que en el segundo caso (menores de 13 años), el bien jurídico sería la intangibilidad o indemnidad sexual, aclarando que en estos casos —menores e incapaces— se trata de personas que "de ninguna manera pueden consentir el acto sexual" (destacados nuestro). La tesis de este autor —en especial al hacer referencia a menores de 13 años que "de ninguna manera" pueden consentir el acto sexual—, deja ver un resquicio que, por un lado, se puede observar que no se encolumna tan rotundamente en la doctrina que niega en absoluto posibilidad de consentimiento en estos supuestos, pues alude a menores que "de ninguna manera" puedan consentir el acto sexual (dando a entender —si no estamos errados en la interpretación— que existen otras maneras que posibilitarían al menor otorgar un consentimiento válido, por ej. si fuere una persona con un grado de madurez suficiente para ejercer por sí mismo ciertos y determinados actos, art. 26 CCyCN) y, por otro lado, se aproxima a nuestra postura acerca de la posibilidad de prestación del consentimiento de estos menores, en ciertas circunstancias que les permiten otorgar un consentimiento válido, tal como venimos explicando en este trabajo. La tesis de Javier DE LA FUENTE (*Abusos sexuales, Tipos Delictivos*, No.2, pág. 27 y sig. (Director: Sandro Abraldes), Hammurabi, Buenos Aires, 2021), en el sentido de que "con relación a los menores e incapaces de consentir libremente una práctica sexual, lo que se tutela es el libre y normal desarrollo de su sexualidad, evitando interferencias indebidas de terceros... (porque) la ley presume que no tienen suficiente madurez como para consentir válidamente el acto, de modo que cualquier interferencia de terceros en ese ámbito puede causar importantes perjuicios" (entrecomillado nuestro), no nos parece una postura aceptable, por cuanto para la ley los menores de edad son sujetos de derecho, esto es, personas capaces visión, mixta o integradora, conjuga aspectos de las anteriores perspectivas, toda vez que ambas posturas teóricas no son opuestas sino más bien integradoras, vinculadas entre sí, de manera que, en cualquiera de ambos casos, se estaría frente a un ataque de la libertad sexual del individuo.

Sin embargo —frente a esta diversificación de ideas, que no son, lógicamente, definitivas ni concluyentes— pareciera que la libertad sexual se ve amenazada, sólo y cuando la persona dice "no" (rechaza, repele) a la pretensión del sujeto activo, negativa que, si bien se puede manifestar en forma directa o indirecta, a través de acciones materiales, gestos, etc., también puede ocurrir la negativa frente a un silencio, por cuanto el silencio, en ciertas situaciones, debe interpretarse como una manifestación de voluntad contraria (por ej. en casos de climas o ámbitos hostiles, intimidatorios o humillantes, por lo general en ambientes laborales o empresariales, o por miedo al agresor). El silencio nunca puede ser entendido como prestación del consentimiento para el acto sexual, por cuanto ello implicaría una modalidad de consentimiento presunto, no aceptado entre las formas de consentimiento que derivan de la interpretación de la normativa en vigor. Esto es verdad, pero también lo es que es suficiente con que el sujeto pasivo manifieste su ne-

---

de quienes se presume, precisamente, que tienen, con arreglo a su edad y nivel de madurez, capacidad para tomar decisiones acerca de su vida sexual, circunstancias que se deben ponderar en cada caso en particular. Ahora bien, indudablemente, si se tratara de un "indebido aprovechamiento o una indebida interferencia" de terceros en la sexualidad de estos individuos, estaría justificada la intervención penal, por cuanto estaríamos frente a una conducta sexual abusiva, que es lo que castiga la ley. Por otra parte, la posible consecuencia de "importantes perjuicios" (el entrecomillado nos pertenece) que pudieren derivar de la relación sexual, implica un pronóstico de difícil, sino imposible, comprobación, a lo que hay que agregar que la consecuencia no necesariamente debería ser perjudicial. Si así no entendiéramos esta cuestión, entonces deberíamos reconocer que, el cambio propuesto por la reforma de la Ley 25.087, fue un cambio inútil, carente de todo sentido y operatividad, pues todo sigue siendo igual que antes.

gativa al acto sexual, sin mengua de otras actitudes, porque si dice "si", obviamente nada habría que discutir[31].

---

[31] De VICENTE MARTÍNEZ Rosario —analizando el delito de violación y otros actos de naturaleza sexual— dice que lo que debe calificar la violación no es la presencia o no de violencia o intimidación, no es la mayor o menor resistencia de la víctima, sino la ausencia o falta de consentimiento de esta para el contacto sexual, tal y como lo demanda el Convenio de Estambul, que deja claro que "el consentimiento debe prestarse voluntariamente como manifestación de libre arbitrio de la persona considerado en el contexto de las condiciones circundantes"... la violación es una, es sexo no consentido, bastando la oposición verbal... lo fundamental es que la víctima no haya consentido el acto, ya sea porque haya dicho expresamente "no", haya manifestado su oposición verbal o gestualmente, y sea porque no haya tenido la posibilidad material de expresar su rechazo, lo que sucederá por ejemplo, en las actuaciones sorpresivas" (*El delito de violación: problemas que plantea su vigente redacción, en La Manada. Un antes y un después en la regulación de los delitos sexuales en España* —Patricia Faraldo Cabana y María Acale Sánchez, Directoras—, págs. 204 y sig., Tirant lo Blanch Alternativa, No. 91, Valencia 2018). Esta postura se ha adoptado en algunos fallos del TPIY (Tribunal Penal Internacional para la Antigua Yugoslavia, creado por el Consejo de Seguridad de la ONU, 10/12/1998), v.gr. en sentencia "Kunarac", en la que se dijo, respecto del delito de violación, que el *actus reus* del mismo ya no reside en la «coacción, fuerza, o amenaza del uso de fuerza», sino en la ausencia de consentimiento: «en la cual dicha penetración ocurre sin el consentimiento de la víctima. La víctima debe dar su consentimiento para que se lleven a cabo estos propósitos de forma voluntaria, como resultado de su voluntad, y debe evaluarse este consentimiento dentro del contexto de las circunstancias que rodean al hecho» (párr. 460). La resolución *Kunarac* fue revisada por la Sala de Apelaciones que reafirmó lo resuelto en esta última en torno a la falta de consentimiento como elemento clave. Así, sostuvo que la fuerza no es un elemento *per se* en la violación sino uno de los factores que viciarían el consentimiento de la víctima, pues considerar lo contrario podría permitir a los perpetradores evadir su responsabilidad por una actividad sexual no consensuada aprovechándose de circunstancias coercitivas sin que se aprecie fuerza física. La relevancia de todo esto reside en que se abandona la idea de que todas las relaciones sexuales sin fuerza o amenaza del uso de la fuerza son consensuadas y se entiende que el delito de violación puede constituirse sin la concurrencia de estas (conf. ALTUZARRA ALONSO Itziar, *El delito de violación en el código penal español: análisis de la difícil delimitación entre la intimidación de la agresión sexual y el prevalimiento del abuso sexual. Revisión a la luz de la*

Una vieja sentencia del Tribunal Supremo español dijo que: "...la persona humana tiene derecho a decidir libremente sobre su propia sexualidad: realizar el acto o no, realizar o no otras actividades distintas al acceso carnal, aunque del mismo signo, y llevarlo a cabo, en su caso, con determinadas personas y no con otras. Y por ello no puede hablarse ya de resistencia de la víctima, sino más sencillamente de voluntad contraria, sin necesidad de resistencias especiales o heroicas, como a veces se entendió. Basta con el no de la víctima" (SSTS de 12 de junio de 1992, ES:TS:1992:10078 y ES:TS:1992:4711)[32].

---

normativa internacional, disponible en revista.estudios.revistas.deusto.es).

32 Citada por ÁLVAREZ GARCÍA Francisco Javier, en *Algunos comentarios generales a la Ley Orgánica 10/2022, de 6 de septiembre, de garantía integral de la libertad sexual*, Revista Electrónica de Ciencia Penal y Criminología, RECPC 25-r3, 2023. En este sentido se ha pronunciado el Juzgado Penal de Niños y Adolescentes, de la ciudad de Paraná (Entre Ríos), en el caso "G.T.E S/ ABUSO SEXUAL CON ACCESO CARNAL", Legajo N° 13410-F° 178, de 12 de mayo de 2021 (disponible en pensamientopenal.com.ar), en el que se dijo: "...el consentimiento es una aceptación inequívoca y voluntaria para hacer una cosa o dejar que se haga. Se entenderá que una persona "ha consentido" en mantener una relación sexual si ha aceptado en forma libre y voluntaria mantener dicha relación. Sin consentimiento, la actividad sexual (cualquiera sea el modo, tales como el sexo oral, tocar los genitales y la penetración vaginal o anal) es una agresión sexual. El consentimiento debe ser dado libremente, sin presiones, manipulaciones engaños, amenazas, fuerza o violencias. No se puede brindar consentimiento si está inconsciente, dormida o dormido o en un estado mental alterado, por ejemplo, bajo los efectos del alcohol o las drogas. Tampoco el consentimiento pueden brindarlo las personas menores de trece (13) años de edad. Toda actividad sexual con una persona cuya edad esté por debajo de ese límite se presume, sin admitir prueba en contrario (jure et de jure), que fue realizada sin su consentimiento. En otras palabras, el consentimiento de la víctima —por debajo de esa edad— es irrelevante para la consumación de la conducta típica. Asimismo el consentimiento contempla situaciones específicas. Se puede consentir una cosa y no otra. Decir que sí a algo, como por ejemplo practicar sexo oral, no significa aceptar otras prácticas, como sexo con penetración. O aceptar tener relaciones sexuales con preservativo, no habilita a una parte a sacárselo sin el consentimiento de la otra. Consentir tener sexo vía vaginal, no habilita a practicarlo por otra vía diferente a la consentida. Y es muy

Hoy por hoy, en los casos de violencia sexual, ya no es necesario acreditar en el proceso —como fue entendido durante décadas por la doctrina y jurisprudencia tradicionales en nuestro país—, la concurrencia de fuerza o intimidación (o, en su caso, la resistencia de la víctima), a fin de determinar si hubo o no violación, sino la falta de consentimiento al acto sexual. La ausencia de resistencia u oposición de la víctima no basta, por sí sola, para entender que existió consentimiento, aun cuando en cada caso en concreto se pudiera analizar la concurrencia o no de estos elementos, pero, insistimos, no se trata de elementos dirimentes en la configuración del delito. Será tarea de la acusación acreditar, mediante una investigación seria, profunda, exhaustiva, si existió o no en el caso concreto consentimiento y, naturalmente, si fue prestado en forma libre y voluntaria.

En cualquier caso, el principio constitucional de la presunción de inocencia, limpiaría el proceso plagado de impurezas por la existencia de una situación de insuficiencia probatoria, la que se daría si la responsabilidad que se atribuye al agresor —como la concurrencia de consentimiento por parte de la víctima— no está lo suficientemente clara como para sostener una calificación de certeza (en lo fáctico y en lo jurídico), circunstancia que haría operar al principio *in dubio pro reo* como obstáculo constitucional a la condena. En suma, la carga de la prueba corresponde al acusador, no al acusado, y lo que deberá probarse (nunca el hecho violento deberá ser objeto de presunción) es que, en las circunstancias modales de la violencia sexual objeto

---

importante remarcar que el consentimiento siempre es reversible. El consentimiento se puede retirar en cualquier momento. Tampoco se presume. Nunca debe darse por sentado, por ejemplo, por el hecho de haber mantenido relaciones sexuales anteriormente, por el estilo de vida de una persona, o por la ropa que se use. El consentimiento siempre se debe comunicar con claridad. El silencio no es consentimiento. Por lo tanto no podrá inferirse del silencio o de la falta de resistencia de la víctima".

de investigación, no existió consentimiento por parte de la presunta víctima.

Ahora bien, es cierto que es suficiente para que se esté ante un consentimiento expresado en forma negativa cuando la persona dice "no" a la propuesta de un acto sexual, pero ante esta negativa, deberíamos preguntarnos, si la persona dice "no" (o no dice nada, permanece en silencio) ¿cómo o de qué manera lograría el sujeto activo alcanzar sus objetivos sexuales?, ¿convenciendo a la futura víctima para que consienta, engañándola con promesas que no cumplirá?, ¿no respetando la negativa ejerciendo violencia, amenaza, abuso coactivo o intimidatorio o aprovechándose de una particular situación por la que atraviesa la víctima?; nos parece que el agente agresor, frente a este tipo de situaciones, no tendría otro camino que recurrir a alguno de los medios previstos en la norma para alcanzar sus objetivos sexuales, aun cuando la mejor respuesta debería venir del análisis de cada caso en concreto. El "no" sólo podría superarse mediante el empleo de alguno de estos medios violentos o coercitivos. Aun así, en cualquiera de estos supuestos, poco o nada cambia, pues siempre el "no" o el empleo de la violencia serán constitutivos de violación, mientras que el "si" acarreará la atipicidad de la conducta sexual.

Un problema podría presentare, como vimos, en aquellos casos en los que la víctima permanece en silencio (ni sí, ni no), circunstancia que para algunas opiniones "hay que presumir que el sexo no es consentido, correspondiendo al acusado la carga de la prueba de que sí lo fue"[33], pero, esta opinión —más allá de que el silencio, como dijimos, siempre debe ser entendido como negativa al acto sexual—, si no estamos muy errados, infringe el principio de inocencia del acusado al invertir la carga de la prueba que, por regla,

---

[33] Véase FARALDO CABANA Patricia, *Solo sí es sí»: hacia un modelo comunicativo del consentimiento en el delito de violación,* Reformas Penales en la Península Ibérica: ¿A «jangada de pedra»?, Colección de Derecho penal y Procesal penal (Jornadas, Cádiz, 2020), Boletín Oficial del Estado, Madrid, 2021, disponible en boe.es

corresponde su acreditación a la parte acusadora, por lo general al Ministerio Público Fiscal, sin que ello implique, desde luego, desconocer el derecho del acusado de aportar los elementos de prueba que considere útiles y necesarios para acreditar o mejorar su posición en el proceso.

La reciente LO 10/2022, de Garantía Integral de la Libertad Sexual, conocida como Ley del "Sólo sí es sí", en vigor en España desde el 06 de septiembre de 2022 —cuyo origen se remonta al caso conocido como "La Manada"[34]—, no sólo ha eliminado la distinción entre abuso y agresión sexual e introducido la figura del acoso callejero, al punto también de modificar las escalas penales de algunos delitos, sino que ha regulado en forma expresa el consentimiento en el art. 178.1 del Código penal —circunstancias todas que han generado un intenso debate en la doctrina[35]— es-

---

34 Este caso, llamado así, "La Manada" —porque así se hacía llamar este grupo de jóvenes— que, el 07 de julio de 2016 agredieron sexualmente a una joven de 18 años en la ciudad de Pamplona (España), durante los festejos de la fiesta de San Fermín, siendo finalmente condenados por la justicia por el delito de violación, un hecho que no sólo conmocionó a la sociedad española sino que generó un intenso y aun no acabado debate en todos los sectores de opinión, especialmente el judicial (Fuente: a24.xcom, con nota de 07/07/2021). La bibliografía sobre este caso y sus repercusiones, tanto en lo mediático como en lo jurídico, es extensísima, pero se sugiere confrontar, entre otras, las siguientes obras colectivas: *La Manada. Un antes y un después en la regulación de los delitos sexuales en España* (Dirs. Patricia Faraldo Cabana y María Acale Sánchez; Coord. Silvia Rodríguez López y María Ángeles Fuentes Loureiro), Tirant lo Blanch Alternativa, Valencia, 2018; *La perspectiva de género en la Ley del "solo sí es sí". Claves de la polémica* (Dirección, Pastora García Álvarez y Viviana Caruso Fontán; Coordinación, Marta Rodríguez Ramos), Ed. Colex SL, A Coruña, 2023, en donde se encontrarán diversos artículos sobre las controvertidas cuestiones generadas por esta ley del "solo sí es sí".

35 Las diversas decisiones de los tribunales de justicia españoles por las rebajas de condenas y excarcelaciones para agresores sexuales —derivadas de las nuevas escalas penales impuestas por la reforma de la Ley del "Sólo sí es sí" (que fue una Ley, recordemos, impulsada especialmente por movimientos feministas)—, ha movilizado al Tribunal Supremo a convocar a un pleno a fin de fijar doctrina en torno de los recursos presentados contra algunas decisiones (Fuen-

tableciendo que "*Se entenderá que hay consentimiento cuando se haya manifestado libremente mediante actos que, en atención a las circunstancias del caso, expresen de manera clara la voluntad de la persona*", fórmula que ha sido criticada fuertemente por la doctrina[36], pero que revela que en España, para generar

---

te: newsletter El periódico de España, de 11 de abril de 2023). Sin embargo, en el medio de las críticas y de la difícil situación generada por la reforma en materia de penas —que provocó una escalada de salidas de presos condenados por delitos sexuales—, el legislador volvió sobre sus pasos, a introducir reformas (agravando penas e incorporando nuevas figuras y matizando otras, a fin de corregir algo de los errores de la reforma anterior), mediante la LO 4/2023, de 27 de abril, expresando en la Exposición de Motivos que "...Es importante blindar la ley en favor de las víctimas y evitar el efecto no deseado de una posible aplicación de las penas mínimas de los nuevos marcos penales, que son más amplios, para que en casos graves no exista la posibilidad de que se impongan penas bajas, pero sin afectar al corazón de la norma, ya que se mantiene la íntegra definición del consentimiento y, por tanto, la esencia de la regulación de los delitos contra la libertad sexual". Veremos como sigue esta cuestión, pues la notoria inestabilidad del legislador español no permite, en verdad, pronosticar cómo seguirán las cosas en materia de delitos sexuales en aquél país (un breve comentario de esta nueva normativa, puede verse en MAGRO SERVET Vicente, *La nueva Ley Orgánica 4/2023, de 27 de abril, de delitos sexuales: la reforma de la reforma, de 28/04/3023*, disponible en diariolaley.laleynex.es. Sobre los avatares de la Ley del "Sólo sí es sí", confr. ÁLVAREZ GARCÍA Fransciso Javier, en *Algunos comentarios generales a la Ley Orgánica 10/2022, de 6 de septiembre, de garantía integral de la libertad sexual*, Revista Electrónica de Ciencia Penal y Criminología, RECPC 25-r3, 2023. Igualmente crítico, GIMBERNAT ORDEIG Enrique, *Contra la nueva regulación de los delitos sexuales*, Diario del Derecho, 29/09/2022, disponible en iustel.com. De otra opinión, RIBAS Eduardo Ramón y FARALDO CABANA Patricia, *"Solo sí es sí", pero de verdad. Una réplica a Gimbernat*, en Estudios Penales y Criminológicos, vol. XL, 2020, disponible en revistas.usc.gal. FARALDO CABANA Patricia y MARÍA ACALE SÁNCHEZ (Directoras), *La Manada. Un antes y un después en la regulación de los delitos sexuales en España*, Tirant lo Blanch Alternativa, Valencia, 2018..

36 Confr. GIMBERNAT ORDEIG Enrique, *Prólogo a la trigésima edición del Código penal*, Editorial Tecnos, Madrid, 2022. Véase sobre esta temática, el detallado trabajo de FARALDO CABANA Patricia, *Solo sí es sí»: hacia un modelo comunicativo del consentimiento en el delito de violación*, Reformas Penales en la Península Ibérica: ¿A «jangada de pedra»?, Colección de Derecho penal y Procesal penal, disponible

la atipicidad de la conducta sexual, el consentimiento debe haber sido manifestado en forma activa, clara, expresa e inequívoca, de manera que el consentimiento tácito o implícito no tendría operatividad excluyente de la punibilidad[37], circunstancia que habrá de provocar, seguramente,

---

en boe.es. Igualmente, LASCURAIN Juan Antonio, Las huellas de la manada, disponible en almacendederecho.org; JAÉN VALLEJO Manuel, Una visión jurídica y crítica sobre la Ley del "sí es sí", disponible en confilegal.com; del mismo, Consentimiento, medios de comisión y prueba en los delitos contra la libertad sexual, disponible en Interjuez.es

37 No es propósito de este trabajo bucear en las profundidades de la definición de consentimiento incluida al Código penal español por la LO 10/2022 —la cual ya ha sido suficientemente analizada (y criticada) por la doctrina de ese país—, pero sí se puede destacar que, de la frase "*mediante actos que, en atención a las circunstancias del caso, expresen de manera clara la voluntad de la persona*", no surge en modo alguno que también esté abarcado en la definición el "consentimiento tácito", por cuanto esta modalidad del consentimiento muy difícilmente podría manifestarse "mediante *actos* que… expresen de manera clara la voluntad de la persona" (que no es otra cosa que un modelo de consentimiento expreso, "sólo sí es sí"), de manera que para que el acto sexual sea lícito, la persona debe haber expresado en forma concluyente e inequívoca una voluntad positiva claramente orientada a participar en la relación sexual de que se trate. Claro que será el Ministerio Público Fiscal, en todo caso, quien deberá acreditar en el proceso que no existieron "actos que expresen de manera clara la voluntad de la persona" (en suma, que no hubo consentimiento), para sostener una acusación en los términos y condiciones exigibles por el principio del debido proceso legal. Sin embargo, somos conscientes de que esta interpretación de la definición de consentimiento introducida al Código penal español, podría llegar a poner en crisis el principio de inocencia, invirtiendo la carga de la prueba en perjuicio del acusado, obligándolo a probar en el juicio que hubo consentimiento (tácito, pero hubo), pese a que la víctima no lo expresó en "forma clara e inequívoca". El problema se presentaría si, en el caso concreto, existieren dudas sobre la existencia de consentimiento, por concurrir, por ejemplo, versiones contradictorias de los intervinientes en el acto sexual, en cuyo caso —nos parece, por cuanto, a pesar de todo, la existencia o no de consentimiento no deja de constituir un problema que hace a su prueba en el proceso— que la duda debería beneficiar al acusado (*in dubio pro reo*), por imperativo propio de la presunción de inocencia, sin dejar de destacar la posibilidad que se esté ante un caso de error y se deba resolver la cuestión desde esta perspectiva (Véase

difíciles problemas de prueba con el costo que ello implica en la preservación del principio de seguridad jurídica.

En nuestra legislación —a diferencia del Código penal español (también sucede lo mismo con el de Italia, entre otros[38]) el consentimiento no se encuentra descripto en cuanto a su naturaleza y consecuencias, es decir, no se describe conceptualmente o literalmente lo que debe entenderse por consentimiento, algo que ha quedado librado, ciertamente, a la doctrina y a la jurisprudencia. No obstante, se puede sostener, desde luego, que "cuando se trate de una víctima con capacidad de consentir libremente y así lo hubiera manifestado", se estará ante una situación de atipicidad, de lo cual se infiere que entre nosotros se receptaría, al parecer, un modelo de "consentimiento expreso" —de la víctima— (sin dejar de recordar que el consentimiento presunto o implícito, es propuesto por alguna doctrina como causal de justificación), tesis que se emparenta (la del consentimiento expreso), por ejemplo, con la señalada reforma española de la Ley Orgánica 10/2022.

Pero, como se podrá observar, la fórmula del Código penal argentino (que surge del art. 119 CP) no es igual a la del Código penal español: éste, como vimos, recepta el consentimiento expreso, mientras que el nuestro no dice nada al respecto, sólo habla de medios violentos, intimidatorios y coercitivos. Pero nada dice acerca del consentimiento de la otra persona que interviene en el acto sexual. Vale decir, que el silencio del Código penal argentino en esta cues-

---

MANZANARES SAMANIEGO José Luis, *El consentimiento en los delitos contra la libertad sexual*, disponible en diariolaley.laleynext.es). Coincide con nuestra postura, GARCÍA ÁLVAREZ Pastora, *El precio de una reforma penal fruto de la presión social*, en La perspectiva de género en la Ley del "solo sí es sí". Claves de la polémica (Dirección, Pastora García Álvarez y Viviana Caruso Fontán; Coordinación, Marta Rodríguez Ramos), págs. 45 y sig., Ed. Colex SL, A Coruña, 2023.

38 Si bien no se prevé una definición de consentimiento, el Código Orgánico Integral Penal de Ecuador, en una rara disposición (art. 175.5), establece que "En los delitos sexuales, el consentimiento dado por la víctima menor de dieciocho años de edad es irrelevante".

tión, da la idea de que el legislador se ha decantado por un sistema que podríamos llamar "binario o mixto", esto es, que ha sancionado un texto del que se puede inferir que admite las dos modalidades de manifestación del consentimiento, expreso y tácito o implícito.

Aun sin una definición expresa, nos parece que la regulación del Código penal argentino es superadora de la del Código penal español, por cuanto, por un lado, al no formular ninguna distinción en torno al consentimiento de la víctima, debe inferirse que puede manifestarse en forma expresa o tácita (en cuyos casos, siempre tendrá operatividad el no o el sí del sujeto pasivo, expresados directa o indirectamente, en forma activa o pasiva, mediante actos concluyentes, gestos o silencios) y, por otro lado, añade al tipo de injusto básico una conducta específica en el sujeto activo (los medios específicos de comisión), que son elementos que, pese a no provocar una respuesta penal diferenciada en los diversos tipos delictivos previstos en el artículo 119 CP, sí son determinantes para calificar un hecho como delito de abuso sexual, en cuyo caso se debe interpretar que la conducta del agente activo debe siempre vulnerar el bien jurídico protegido, la libertad sexual de la víctima.

Por ello, si la persona objeto de un acto sexual ha consentido libremente en él —aunque no lo haya hecho en forma expresa, sino sólo tácitamente—, la persona que ha practicado los actos sexuales (consentidos implícita, pero no explícitamente), no debe responder por un delito sexual, porque no se ha actuado contra la libertad sexual del sujeto pasivo (no se ha presentado potencialidad lesiva en la conducta sexual que pudiere ofender el bien jurídico protegido), quien ha permitido, implícitamente, los tocamientos sexuales o el acceso carnal, vale decir, porque ha ejercido voluntariamente esa libertad, tolerando o admitiendo esas conductas.

En esto difiere del Código penal español, de cuya fórmula legal puede inferirse —viéndola en sentido contrario— que "se entenderá que "no" existe consentimiento cuando la víctima no haya manifestado libremente por actos exteriores, concluyentes e inequívocos conforme a las circunstancias concurrentes, su voluntad expresa de participar en el acto", vale decir, que únicamente cuando una persona manifiesta "de algún modo reconocible por actos exteriores su anuencia" (sólo sí es sí) el hecho no es delito. Entre nosotros, por el contrario, como vimos, se ha receptado un sistema que describe una modalidad mixta de regulación del consentimiento, expreso o tácito, vale decir, que se admite el "si" y el "no", en forma expresa (inequívoca) o implícita (sobreentendido, cuando concurrieren medios violentos, intimidatorios o coercitivos).

IV. Un punto de partida: la perspectiva constitucional

Sin perjuicio de la postura que se sostenga acerca de las distintas vertientes que matizan el concepto de libertad sexual, nos preguntamos ¿qué queremos decir cuando se habla de analizar toda la problemática que plantea el bien jurídico en estos delitos, desde una perspectiva constitucional? Con ello se quiere significar que no sólo los mayores de edad tienen libertad sexual en ejercicio, sino que también los menores, y otras personas con capacidades diferentes, también la tienen.

Sin embargo, el artículo 119 del Código penal —sea en su texto anterior como en el actual— es una fiel demostración de que la edad de iniciación sexual —tomando palabras de Hendler pronunciadas hace más de cuatro décadas— es uno de los tabúes celosa y terriblemente resguardados en la legislación penal[39], por cuanto se sigue manteniendo una interpretación automática del mismo que conduce, irremediablemente, a un severo castigo toda relación sexual mantenida con un menor de 13 años, aun cuando no hubiere mediado abuso, violencia, amenaza, abuso coactivo o intimidatorio de una relación de dependencia, de autoridad o de poder, o aprovechándose de que la víctima por cualquier causa no haya podido consentir libremente la acción. En suma, cuando no existió una conducta sexual abusiva, de la que se pudiere pronosticar eventuales perjuicios en la vida futura del menor.

---

39 Conf. HENDLER Edmundo S., *Los tabúes sexuales en el Código penal argentino*, Doctrina Penal, Año 5, Nos. 17/20, pág. 252, Ediciones Depalma, Buenos Aires, 1982.

El castigo en estas situaciones implicaría una desviación del orden constitucional vigente, no solo por concurrir una transgresión del principio de legalidad, sino porque este mismo orden constitucional es el garante de que la imposición de la pena lo sea en un proceso justo[40].

Cuando la Constitución declara que todos somos iguales ante la ley (art. 16), ciertamente no se está excluyendo a estos ciudadanos del amparo de tal garantía, sino todo lo contrario, están también comprendidos bajo el paraguas protector del orden jurídico.

Sin embargo, se ha afirmado que sólo podría haber ejercicio de tal libertad, cuando concurran en estas personas ciertas y determinadas condiciones, esto es, una capacidad suficiente para comprender la transcendencia del acto que llevan a cabo. Dicho de otro modo, debe darse en estos sujetos facultades cognoscitivas y volitivas aptas para valorar la importancia de sus actos. De lo contrario, implicaría una incapacidad de autodeterminación (ausencia de autonomía) en la vida sexual.

En virtud de ello, se niega la existencia de libertad sexual en las personas con trastornos mentales o menores de cierta edad (Contieri, Carmona Salgado, Muñoz Conde, González Rus, Monge Fernández, Bustos Ramírez, Cobo del Rosal, De la Fuente, Figari, Arocena, etc.[41]), afirmándose la invalidez total del consentimiento que pudieren prestar en el marco de una relación sexual, circunstancia que ha empujado a un sector de la doctrina a añadir a la libertad sexual la intangibilidad o indemnidad sexual, aunque algunos autores han ensayado la tesis de que, en estos casos, habría que sostener que el bien jurídico protegido es

---

[40] Conf. PÉREZ DEL VALLE Carlos, *Lecciones de Derecho penal*, parte general, 7ma. Edición, pag.48, Dykinson S.L., Madrid, 2023.

[41] Por todos, confr. SUÁREZ RODRIGUEZ Carlos, *El delito de agresiones sexuales asociadas a la violación*, págs. 51 y sig., Aranzadi Editorial, Pamplona, 1995.

la libertad sexual, pero una libertad en potencia, *in fieri*[42], que vendría a ser lo mismo que ausencia de libertad sexual en determinado momento de la vida de la persona, toda vez que una libertad sexual *in fieri* es una libertad que no existe ni puede ejercerse.

En el marco de este esquema, se presenta el siguiente escenario en torno de estos individuos con capacidades diferentes:

a) Gozan de libertad sexual, pero la ley presume *iuris et de iure* que no están facultados para ejercerla, por lo que tal libertad sexual sólo puede ser dañada a través de una ficción normativa (por caso, el menor de 13 años en la dicción del art. 119 CP);

b) No gozan de libertad sexual porque carecen de una determinada capacidad de conocimiento y volición para comprender el sentido y alcance de sus actos; por lo tanto, el bien jurídico protegido no será la libertad sexual sino la intangibilidad o indemnidad sexual.

Vemos entonces que, en dicho esquema, cualquiera sea la postura que escojamos, las consecuencias prácticas son las mismas: estas personas con capacidades diferentes (menores, enajenados, etc.) no tienen libertad sexual, o porque normativamente se ha creado una ficción en ese sentido, o porque valorativamente no pueden tenerla.

¿Cómo se podría resolver esta suerte de acertijo en el que nos encierra el artículo 119 del Código penal?, pues, creemos que recurriendo a la Constitución nacional y a los principios informadores del Estado de Derecho.

Como es sabido, estos principios tienen su fuente normativa en varias disposiciones constitucionales que nos sugieren un punto de partida para encontrar la solución que

---

42 Así, MORALES PRATS Fermín y GARCIA ALBERO Ramón, *Comentarios a la parte especial del Derecho penal* (Gonzalo Quintero Olivares, Director), pág. 229, Aranzadi Editorial, Navarra 1996.

consideramos correcta: el artículo 16 CN establece que en este país "todos somos iguales ante la ley, sin que sean admisibles prerrogativas algunas de sangre ni de nacimiento". A su vez, la Declaración Universal de Derechos Humanos, proclama en el artículo 3 el "derecho de todo individuo a la libertad", y en el artículo 7 el "derecho a ser iguales ante la ley, sin discriminación alguna" y, en un mismo sentido, se decantan las Convenciones internacionales sobre DDHH incorporadas a la Constitución (art. 75.22 CN).

No obstante, la existencia de este marco normativo, garantizador de la igualdad de trato y de protección de la ley a todas las personas, hay que tener en cuenta que —en algunos casos y situaciones especiales— el Estado puede adoptar ciertas cautelas frente a ciudadanos con capacidades diferentes, para evitar, precisamente, que sean manipulados o instrumentalizados por terceros. Es por tal motivo que el legislador ha introducido en el artículo 119 CP, entre otros elementos típicos, que el autor "abuse" de la situación disminuida o condición de vulnerabilidad por la que atraviesa el sujeto pasivo, ya sea por su pertenencia a un rango etario determinado, o bien por alguna otra discapacidad específica.

Es evidente que la introducción al tipo penal de un elemento específico catalizador del obrar del autor —ausente en nuestros precedentes legislativos, salvo la referencia en el texto del antiguo artículo 127 CP que decía "El que abusare deshonestamente de ...", pero se trataba, claramente, de otra modalidad típica orientada, no a preservar la libertad sexual del sujeto pasivo sino a proteger la moral del sujeto activo (recordemos el viejo delito de adulterio y la honestidad de la mujer en el estupro)—, ha sido para guiar al intérprete en el sentido de que la nueva fórmula no sólo ha conformado un nuevo paradigma desde el punto de vista ideológico sino que ha dado una señal muy clara acerca de una nueva interpretación del tipo de injusto en los casos de relaciones sexuales con menores de 13 años de edad o con discapacidades especiales.

Reparemos en que el texto actual del artículo 119 no dice —como en el texto derogado— "...el que tuviere acceso carnal... con un menor de 12 años...", sino que dice "El que *abusare sexualmente* de una persona cuando ésta fuera menor de 13 años...". Si esto no se entendiera de este modo y sostuviéramos que aquella no fue la voluntad del legislador, entonces se hubiera dejado las cosas como estaban y continuar con la vieja fórmula: la interpretación automática del anterior artículo 119 (presunción *iuris et de iure* del consentimiento) en casos de menores de 12 años de edad. Pero, si se introdujo un cambio, se debe entender que es porque algo cambió.

Este cambio —como veremos seguidamente— fue fundamental para imponer un nuevo paradigma en torno de la interpretación del tipo de injusto en conexión con el bien jurídico protegido, en situaciones especiales de menores de edad y de enajenados.

V. Minoridad, conducta abusiva y consentimiento

Conforme con lo expuesto en el parágrafo anterior, como regla general debemos convenir en que, el consentimiento que pudiere prestar la víctima del delito sexual, cualquiera sea la edad o condición (dimensionados, por supuesto, en cada caso en particular), no sólo es posible sino también válido, y el Derecho penal solamente podría intervenir cuando dicho consentimiento aparezca viciado por la acción de un tercero que abusa de la capacidad cognoscitiva y volitiva disminuidas en el sujeto pasivo. Pero, en cualquier caso, siempre bajo el auspicio de la verificación del acto sexual abusivo en cada caso en particular, por cuanto, por ejemplo, no es la misma situación que se presenta, naturalmente, en los casos de niños/as de 6 u 8 años de edad, que en niños/as de 12 o 13.

Desde una perspectiva constitucional, creemos que, en modo alguno, el ejercicio de la libertad en general, y de la libertad sexual en particular, puede estar condicionada —como principio general—, a la existencia o inexistencia de capacidades diferentes en las personas y que, por consiguiente, no sea la libertad sexual el bien jurídico protegido en estos casos sino la intangibilidad e indemnidad sexual del sujeto pasivo. Todos somos iguales ante la ley y todos somos acreedores de una libertad sexual practicable libre y voluntariamente con quien nos plazca. Los niños, niñas y adolescentes también (art. 16/19 CN; art. 24, CADH; arts. 1 y 3, Ley 26.061/05; arts. 22/30 CCyCN).

Si partiéramos de la base de que para el ejercicio de las diferentes manifestaciones de la libertad, fuera necesario reunir una cierta condición (de una capacidad cognoscitiva y volitiva normal o media), el menor de 13 años de edad y el enajenado no sólo no podrían gozar de su libre elección ni tomar decisiones en materia sexual, sino que tampoco podrían gozar de otros enunciados de la libertad, como por ejemplo la libertad ambulatoria o de movimiento, la ideológica, de expresión, religiosa o de ciertas aptitudes éticas o morales hacia la vida. Esta restricción importaría un patente contrasentido al exigir para el ejercicio de la libertad sexual contar con una condición o capacidad determinada, y no exigir a esa misma persona cuando obre en el marco de otras manifestaciones de la libertad, por ejemplo, cuando decide llevar a cabo una conducta inocua, como por ejemplo sería tomar un helado, practicar un deporte, ir a la plaza a pasear el perrito o a jugar con amigos, por cuanto la relación sexual también puede constituir una relación inocua para el menor y no necesariamente perjudicial, esto es, sin consecuencias futuras por el solo hecho de tratarse de una relación sexual.

Hay que reconocer, desde luego, que estos derechos no son absolutos, sino que pueden ser objeto de limitaciones cuando colisionan con otros derechos o intereses constitucionalmente garantizados. Este conflicto normativo puede producir, ciertamente, que la libertad sexual en determinadas ocasiones pueda ser limitada o restringida, e incluso anulada. Pero, aún así, se estará frente a una colisión de normas cuando se verifique, en cada caso en particular, que la relación sexual "incide negativamente" en la vida presente y futura de la persona. Si esto no sucede o si no hay posibilidad de que suceda, entonces el hipotético conflicto desaparece y la libertad sexual debe primar.

La obligada abstinencia sexual que implica la intimidación penal en ciertas circunstancias, sólo podría ser aceptable en tanto y en cuanto la acción sexual produzca efectos nocivos en la vida de la persona o afecten su dignidad o el libre desarrollo futuro de su personalidad, bienes que también están comprometidos (en forma mediata) en situaciones de conductas sexuales abusivas.

Es evidente que con la reforma del 99, el legislador propuso un cambio de 180 grados en la interpretación del delito de abuso sexual (antiguo abuso deshonesto), pues —

como se puso de relieve—, abrió una puerta a una cierta actividad sexual de los enajenados (y menores de cierta edad) con otras personas, al exigir para la configuración del delito que el sujeto abuse del estado o situación de aquellos y, siendo este el propósito del legislador, mal puede hablarse de la intangibilidad sexual de dichas personas (al menos de algunas de ellas)... por ello, si bien el Estado rodea de cautelas la actividad sexual de estas personas, esa tutela cualificada no supone pronunciamiento alguno sobre su libertad sexual. De hecho, no se les prohíbe la masturbación, ni mantener relaciones sexuales con otros menores o incapaces[43].

Frente a este nuevo escenario que se presenta con la reforma de la Ley 25.087 —al incorporar la conducta abusiva como elemento central del tipo de injusto—, se debe admitir que el legislador ha generado, de *lege lata*, la probabilidad cierta y real de conceder relevancia al consentimiento de menores e incapaces, desplazando la vieja presunción *iuris et de iure* del texto original por una presunción *iuris tantum*, que obliga a comprobar, en cada caso en particu-

---

43 Conf. ORTS BERENGUER Enrique y SUÁREZ-MIRA RODRIGUEZ Carlos, *Los delitos contra la libertad e indemnidad sexuales*, Tirant lo Blanch, Colección Los Delitos, No. 34, págs. 19 y sig., Valencia 2001. Ya, en su día, sostenía esta postura SUÁREZ RODRIGUEZ Carlos, en *El delito de agresiones sexuales asociadas a la violación*, Aranzadi Editorial, pág. 55, Pamplona, 1995, quien decía que "el recurso a la intangibilidad sexual no explica satisfactoriamente la protección que, sin duda, merecen los colectivos de personas a que nos estamos refiriendo (aludía a menores y enajenados). Ciertamente, esos individuos son sexualmente intangibles, pero también lo son el resto de personas no afectadas por tales circunstancias, lo cual invalida dicho planteamiento por distinguir donde no debe distinguirse. En cualquier caso, esa pretendida intangibilidad se desvirtúa un poco, en lo que a nuestra regulación se refiere, a partir de la reforma que introdujo la LO 3/1989 de 21 de junio, pues se ha abierto la puerta a una cierta actividad sexual de los enajenados al exigir para la configuración del delito, que el sujeto activo *abuse* de esa situación de inferioridad intelectual. Siendo ese, lo cual elogiamos, el propósito del legislador, mal puede hablarse ahora de intangibilidad sexual de esas personas" (destacado del autor).

lar, la existencia de incapacidad en estos individuos[44]. De lo contrario, deberíamos preguntarnos ¿qué cambió, entonces, con la reforma?

Recordemos que la capacidad de las personas, en nuestro ordenamiento, es la regla, la incapacidad es la excepción, con las limitaciones establecidas en el artículo 24 CCyCN, que dispone, claramente, que es incapaz, entre otros motivos, la "persona que no cuenta con la edad y grado de madurez suficiente...", con lo que se plasma el concepto de autonomía progresiva, reconociendo al niño como un sujeto de derechos; en todo caso, las limitaciones deben probarse, pues las restricciones sólo son posibles en beneficio del menor de edad (arts. 22 y 31 CCyCN).

De aquí que no resulte para nada aconsejable, en un Estado Constitucional de Derecho, interpretar ciertos tipos penales a través de presunciones absolutas, *iuris et de iure*—que conducen a una aplicación automática de la norma—, que impidan toda indagación acerca de la verdadera capacidad (de ejercicio) del individuo en una actividad sexual determinada, por cuanto resulta ciertamente imposible de determinar *a priori* si la relación sexual con el menor o el enajenado va a influir o no negativamente en su vida futura. Esta protección absoluta de estas personas en sus relaciones sexuales, no necesariamente debe ser negativa por ese sólo hecho, esto es, por tener 13 años o menos o padecer alguna incapacidad específica, lo que ha hecho decir a un sector de la doctrina que tamaña protección estatal no siempre tiene efectos positivos debido a que, cuando la sexualidad no es ejercida con violencia, puede favorecer el

---

44 Esta doctrina, que venimos sosteniendo desde antes de la reforma de la Ley 25.087, fue acogida favorablemente por el Tribunal Oral Penal de la ciudad de Paso de los Libres (Corrientes), en autos C.F.A. s/abuso sexual con acceso carnal una vez reiterado (dos hechos) en concurso real, MJ-JU-M-118347-AR, de 15/04/2019.

desarrollo psíquico y una mejor afectividad en las relaciones interpersonales futuras[45].

Para que la conducta sexual sea punible —en casos de mayores o menores de 13 años de edad, por cuanto la situación de menores de 16 años (art. 120 CP), la cuestión etaria es distinta a la de los abusos del artículo 119 CP—, debe ser *abusiva* de las capacidades diferentes del sujeto pasivo, de manera que si el autor no ha abusado (o no se ha aprovechado de la situación de vulnerabilidad del sujeto pasivo), su conducta es atípica, circunstancia que permite inferir claramente que la interpretación automática de la norma, a partir de una presunción absoluta *iuris et de iure* (que supone, hipotéticamente, ausencia de libertad sexual), es claramente inconstitucional por cuanto, por un lado, tiene por existente una situación de incapacidad que puede no existir en el caso concreto (recordemos que actualmente los menores son sujetos de derecho; la capacidad —como se dijo— es la regla, la incapacidad la excepción), presunción que contradice, al mismo tiempo, el artículo 26 del CCyCN y, por otro lado, se separa de todo tratamiento de la conducta típica —el abuso sexual— elemento central del tipo de injusto que, no solamente debe concurrir en el acto

---

45 Conf. MUÑOZ CONDE Francisco, *Derecho penal, parte especial*, 12 ed., pag.197, Valencia, 1999. En los casos de personas privadas de razón o de sentido —subraya este autor en la ed. 23 de esta obra—, que se presume que no tienen capacidad para consentir o rechazar una relación sexual libremente. Tal presunción queda desvirtuada, sin embargo, si se demuestra en el caso concreto que el sujeto pasivo podía autodeterminarse libremente en el ámbito sexual... para evitar una interpretación demasiado objetivista —dice— se exige que, además, el sujeto activo "abuse" del trastorno mental, es decir, se aproveche de la incapacidad del sujeto pasivo para entender el alcance del acto sexual o para autodeterminarse y consiga el contacto sexual precisamente por esa incapacidad. Este "abuso" exige, por tanto, una actitud dolosa, que tiene que ser probada y no simplemente presumida en el correspondiente proceso. Con ello, se deja una posibilidad a las relaciones sexuales con personas con discapacidad necesitadas de especial protección, siempre que no se de la situación de "abuso" de esa incapacidad (conf. *Derecho penal, parte especial*, 23 ed., págs. 232 y sig., Tirant lo Blanch, Valencia, 2021).

sexual, sino que también debe ser objeto de comprobación en cada caso en particular. En suma, una presunción que produce una notoria afectación de la libertad sexual del sujeto que padece, arbitrariamente, la limitación a su derecho.

Una interpretación del tipo penal, en casos de menores de 13 años, priorizando o dando prevalencia a una presunción absoluta de ausencia de consentimiento en materia sexual (aun cuando haya sido prestado libre de violencia, intimidación o engaño), sólo podría haber tenido cierta coherencia lógica (aunque ciertamente discutible) en los tiempos del derogado artículo 119 CP, según el cual para que la conducta sexual sea ilícita era suficiente que se la lleve a cabo con un "menor de 12 años", a diferencia del texto actual que exige, además de la minoridad límite del sujeto pasivo (13 años) que la conducta sexual haya sido abusiva de la incapacidad del mismo, conducta que —como ya se dijo— debe ser comprobada en cada caso en concreto, situación que se advierte claramente con el precepto actual, cuyo elemento central ya no es, como antes, el acceso carnal, sino la conducta abusiva del sujeto activo, al establecer "...cuando *mediando las circunstancias del 1er. párrafo,* hubiere acceso carnal por cualquier vía..." (art. 119.3 CP).

La conducta puede circunscribirse a un mero tocamiento de las partes sexuales de la persona involucrada en la acción sexual, o a un acceso carnal, pero, en cualquier caso, el acto sexual debe ser abusivo de las capacidades del sujeto pasivo.

Si no concurren estos elementos o se está ante una relación sexual con un menor de 13 años de edad —pero no concurren o no se comprueban, las circunstancias del 1er. párrafo del artículo 119, especialmente la conducta abusiva— la conducta es atípica. Piénsese en una acción sexual entre dos menores, uno de 12 años y el otro de 14 o 16 años de edad (más allá de lo que establece el régimen penal de menores). Si esto no se entendiera de esta manera, nos deberíamos preguntar ¿para qué el legislador exigió en el sujeto activo una conducta sexual abusiva de la incapacidad del sujeto pasivo si, por imperio de la presunción legal absoluta del antiguo régimen, era suficiente para penalizar la conducta que la víctima sea menor de 12 años de edad?

El régimen anterior, ciertamente, introducía una presunción *iuris et de iure*, que no admitía prueba en contrario, esto es, aportar un elemento de prueba mediante el cual se pudiera demostrar que el menor de trece años de edad tenía capacidad para consentir libremente un acto sexual.

En esos tiempos dos cuestiones sostenían las bases de esta teoría: la deshonestidad como variable indispensable de la conducta sexual (el abuso debía ser deshonesto, cualificación imposible de determinar en un caso en concreto, no solamente respecto de un menor de 13 años, sino de cualquier persona) y, por otro lado, aun mantenían todo su vigor las normas del derecho privado antes de su reforma por la Ley 26.994/2014, que calificaban a ese menor como una persona incapaz.

Este sistema de regulación de la sexualidad de las personas, especialmente de menores y enajenados, se mostraba excesivamente rígido, pues impedía a dichos menores mantener relaciones sexuales de cualquier naturaleza con terceros, aun cuando éstos sean también menores de edad[46]. La reforma de la Ley 25.087 de 1999, vino a cambiar este estado de cosas.

Es evidente que esta reforma de los delitos sexuales se ha enfocado en un "gran cambio" ideológico-socio-cultural-normativo en el marco de estas infracciones, algo que se avizora claramente, desde un principio, en el cambio de rúbrica del Título III, reemplazando la moralizante expresión honestidad por integridad (libertad) sexual, modificación que fue claramente indicativa de que la interpretación de los tipos penales cuya protección se anunciaba con la

---

[46] Una crítica similar al sistema del Código penal español de 1995, puede verse en RIBAS Eduardo Ramón, *Minoría, sexo y Derecho penal*, págs. 194 y sig., Thomson Reuters Aranzadi, Navarra 2013.

mencionada rúbrica, no debería ser la misma que la del antiguo régimen[47].

La reforma indicó un camino, un faro a seguir en la interpretación de estos delitos, pues se dejaba en el pasado la connotación moral que guiaba la interpretación y aplicación de los tipos de injusto por los tribunales de justicia, recurriendo a la herramienta de la honestidad, para dar paso a una glosa elaborada bajo el manto de la libertad individual, la igualdad y la no discriminación de quienes decidieran optar por un proyecto de vida sexual compatible con sus propias preferencias personales.

Esta nueva concepción implicó una transformación de gran calado, toda vez que la libertad sexual pasaba a constituir un bien jurídico predicable para todas las personas, mayores o menores de edad, por igual, en iguales circunstancias, con sus propias matizaciones, verificables en cada caso en particular. Por este cambio, el menor de 13 años

---

47 Este cambio en las costumbres o hábitos sexuales de la sociedad no ha sido patrimonio único de la sociedad argentina, sino que fue un fenómeno de transformación en buena parte del mundo occidental, como pone de relieve José Agustina en lo concerniente a España, cuando destaca que "… el derecho penal sexual ha sufrido en las últimas décadas una fuerte e intensa sacudida fruto de los progresivos cambios socio-culturales vividos desde la revolución sexual de los años sesenta del siglo pasado. Y, en el vértice de dichos cambios, la función vertebradora del consentimiento se ha visto significativamente propulsada por el movimiento feminista y la perspectiva victimológica que, junto a la liberalización sexual de las costumbres, han venido generando un movimiento social de defensa de la seguridad de las mujeres en el ejercicio de sus libertades. Muy atrás quedan ya aquellos tiempos en los que el delito sexual reprimía ataques contra la propiedad del padre o marido o contra el honor de la mujer que mantenía (forzada) relaciones sexuales extramatrimoniales. El bien jurídico protegido sufrió un cambio significativo y, desde la reforma operada por la LO 3/1989, de 21 de junio, la rúbrica del viejo Título IX «de los delitos contra la honestidad» dio paso a la de «delitos contra la libertad sexual» (AGUSTINA José R., *Prólogo* a la obra coletiva Comentarios a la Ley del "solo sí es sí". Luces y sombras ante la reforma de los delitos sexuales introducida en la LO 10/2022, de 6 de septiembre, Atelier Libros Jurídicos, Barcelona, 2023, disponible en researchgate.net).

dejó de ser un "inhabilitado" normativamente para mantener una relación sexual con un tercero[48].

Sumado a ello, una interpretación de reconocimiento de la existencia de una ficción —como lo fue, ciertamente, la presunción *iuris et de iure* que habitaba en las profundidades del artículo 119 del régimen derogado—, implicaba, claramente, el reconocimiento de libertad sexual en el sujeto pasivo, lo cual pone de relieve lo que antes se dijo, que carecería de todo sentido que el legislador del 99 haya exigido como elemento central del tipo penal una conducta abusiva de la situación atravesada por la víctima pues, como derivado de la presunción absoluta, era suficiente con la realización de la acción sexual con un menor de 13 años, aun cuando no se haya concretado bajo la modalidad abusiva.

También podríamos añadir que, la exigencia de la conducta abusiva como acción típica punible, puso de manifiesto el reconocimiento legislativo de que la mera relación sexual con un menor de 13 años de edad, de un lado, no afecta ni pone en peligro su dignidad y, de otro lado, carece de una incidencia negativa para el desarrollo de su vida sexual futura. Por ello, la inexistencia de abuso pasó a implicar con la reforma —y así debe entenderse hoy día— la inexistencia de delito, sea el sujeto pasivo un menor o un mayor de 13 años de edad, con la salvedad de las circunstancias que surjan de cada caso en particular.

El escenario que se describe, revela que la figura del *consentimiento* juega un rol central en las relaciones sexuales interindividuales y, más aun, frente a casos de violencia sexual contra menores. El consentimiento presupone el ejercicio de una voluntad libre, fundamentado en la capa-

---

48 De lo contrario, se hubiera seguido el sistema implementado por el legislador español en la reforma de 1995 que, para terminar con las discusiones (que no han finalizado, ciertamente), agregó como rúbrica del Título VIII —de corto tiempo de vigencia— la de "Delitos contra la libertad e indemnidad sexuales", que en modo alguno se trató de una solución acertada.

cidad de la persona de prestarse y participar en un acto de contenido sexual. El consentimiento es la frontera entre un acto sexual consensuado y uno forzado, caracterizado por el abuso o la violencia, entre un acto lícito o la violación.

La prestación del consentimiento no significa una renuncia al ejercicio de la libertad, sino todo lo contrario, implica precisamente el ejercicio pleno de la libertad de decisión acerca de la disponibilidad de un bien jurídico individual en cabeza de su titular, que se encuentra dentro de su esfera de disposición. Si se renuncia a algo, en todo caso sería a la disposición de un bien jurídico en el marco de ejercicio de una voluntad libre.

Hoy se debe analizar la problemática del bien jurídico en los delitos sexuales, particularmente en el caso de menores de edad, desde una visión dinámica de la vida, comprensivo de un esquema analítico y contextual que abarque, no solo las nuevas normas del CCyCN, de la Constitución nacional (CDN y Convenciones Internacionales sobre Derechos Humanos) y de las leyes de género, sino también la nueva formulación que de estos delitos introdujo el legislador con la reforma de la Ley 25.087 de 1999, especialmente en el campo de los abusos sexuales previstos en los artículos 119 y 120 del Código penal.

En función de este nuevo escenario normativo, ya no es posible seguir considerando al menor de edad como un "objeto" que debe ser protegido por el Estado a todo costo, en una suerte de visión paternalista —hoy insostenible—, de los derechos, sino como un "sujeto de derecho", con autonomía y capacidad para tomar decisiones respecto de algunas cuestiones que atañen, no sólo a su cuerpo y a su salud, atendiendo a las etapas evolutivas de su desarrollo vital, sino también respecto de decisiones concernientes a su sexualidad.

Los menores —en palabras de Ramos Vázquez— tienen derecho a que no se interfiera en el desarrollo de su vida sexual y esto significa no sólo alejarlos de relaciones sexuales no deseadas, sino también (asumámoslo) de intromisiones por parte de los adultos que, bajo el pretexto de su protección, tomas decisiones por ellos en un ámbito que debería ser de su entera responsabilidad; *in primis*, esa oscura amalgama de adultos e intereses cruzados que se esconde bajo la metafórica denominación de *legislador penal*... si excluimos los elementos de violencia y amenazas, las relaciones sexuales en las primeras etapas de la vida son, ante todo, una cuestión de responsabilidad. Y los menores no podrán ser responsables bajo la sombra de lo prohibido y de la permanente alerta ante riesgos. No deberíamos incluir todo lo sexual en el ámbito penal, sino en el pedagógico: orientar (no *adiestrar*) a los menores sobre cuáles pueden ser las experiencias que más puedan resultarles provechosas para alcanzar una vida sexual rica y gratificante... Cuando se dice, sin más, que todo contacto sexual entre, pongo por caso, un adolescente de catorce años y un adulto de cuarenta es dañino para aquél y que siempre —y como mínimo— está marcado por un abuso de poder por parte del mayor, no se está describiendo, sino prescribiendo... Por ello, equiparar diferencia de edad y abuso (o, lo que es lo mismo, considerar punible todo contacto sexual con un menor de dieciséis años si existe una gran diferencia de edad —artículo 183 *quater* del Código penal[49]) es falaz y contraproducente,

---

[49] La referencia es al artículo 183 *quater* del Código penal español, derogado por la LO 10/2022, de 6 de septiembre, cuyo texto decía: "El consentimiento libre del menor de 16 años, excepto en los casos del artículo 183.2 del Código penal, excluirá la responsabilidad penal por los delitos previstos en este capítulo cuando el autor sea una persona próxima al menor por edad y grado de desarrollo o madurez física o psicológica". La reforma de la LO 10/2022 introdujo un nuevo texto en el artículo 181.4.c, estableciendo: "Cuando los hechos se cometan contra una persona que se halle en una situación de especial vulnerabilidad por razón de su edad, enfermedad, discapacidad o por cualquier otra circunstancia, y en todo caso, cuando sea menor de cuatro años", texto que no fue alterado por la reforma de la LO 4/2023, de 27 de abril, salvo en la numeración, pues pasó a ser artículo 181.5.c.
Un sistema similar está previsto en el artículo 609 quater —*Atti sessuali con minorenne*— del Código penal italiano, cuyo texto establece que "...*Non è punibile il minorenne che, al di fuori delle ipotesi previste nell'articolo 609 bis, compie atti sessuali con un minorenne che abbia com-*

al desarmar nuevamente al menor de instrumentos que le permitan inscribir sus vivencias en un ámbito de normalidad (destacados del autor)[50].

Seguramente muchos habrán de detener las rotativas en este momento y repensar la tesis de este autor en lo que concierne a la cuestión etaria entre el menor y la persona adulta con quien se envuelve en una relación sexual, pero en realidad habría que preguntarse cuál debería ser la diferencia correcta ("no punible") —la delgada línea que separa el delito de la licitud— entre las edades que este autor pone como ejemplo y otras

semejantes que también representan una diferencia notable de edades entre los protagonistas y quien tendría la vara de medición adecuada o estaría en condiciones reales de hallar (o sugerir) el estándar de edad aconsejable para escapar de la intervención del Derecho penal y de medir las posibles consecuencias dañosas que esa relación sexual provocaría en la vida sexual futura del menor. Dicho de otra manera ¿qué diferencia —que no sea tan sólo la edad— puede haber entre un menor de 12 o 13 años y una persona mayor de edad, de 18, 25 o 35 años, o entre un menor de 12 años y otro de 15 o 16?, ¿se podría augurar un daño físico o psíquico al menor si se envuelve en una relación sexual en estos casos?, ¿cómo saberlo? Seguramente se responderá que tal vez la ciencia pueda ayudar, pero lo cierto es que, este marco de situación —desde la mirada de nuestro derecho—, permite deducir que el menor no tiene prohibido, dadas ciertas y determinadas circunstancias (desde luego, su edad y grado de madurez y desarrollo), tener una relación sexual con un adulto, aun frente a la existencia en el

---

piuto gli anni tredici, se la differenza di età tra i soggetti non è superiore a tre anni..." (TRAMONTANO Luigi, *Codice penale spiegato, Quattordicesima Edizione,* pág. 1068, Celt *CasaEditriceLaTribuna*, Picenza, 2014).

50 Conf. RAMOS VÁZQUEZ José Antonio, *Política criminal, cultura y abuso sexual de menores. Un estudio sobre los artículos 183 y siguientes del Código penal*, Tirant lo Blanch "Colección delitos", No. 118, págs. 95 y sig., Valencia 2016.

art.120 CP de esa rara e incomprensible restricción del tipo al castigar la conducta sexual "...en razón de la mayoría de edad del autor" que, en el caso concreto, podría tratarse de un joven de 18 años, quien correría un grave peligro de castigo si tuviere una relación sexual con una persona menor de 16 años (hasta que se pruebe en el proceso que no existió aprovechamiento de la situación del sujeto pasivo).

El artículo 119 del Código penal, en su nueva redacción, establece una presunción *iuris tantum* de incapacidad de los menores de trece años para consentir una relación sexual, de manera que, si bien no se requiere la prueba de alguna proximidad etaria del adulto —porque no lo exige el tipo de injusto—, sí se debe acreditar en el proceso (prueba que, naturalmente, deberá estar a cargo del Ministerio Público Fiscal) la falta de capacidad del sujeto pasivo para consentir el acto sexual de que se trate.

Asimismo, podría suceder que se trate de un menor de 12 años de edad y el adulto sea una persona con escaso desarrollo madurativo, circunstancia que pone al descubierto que no basta con la diferencia de edad para la configuración típica, sino que es necesario la concurrencia de otros elementos complementarios, el grado de madurez del menor (o del mayor) y una acción sexual abusiva, algo difícil de suceder en la conducta de un adulto con tales características.

En la actualidad y después de la reforma de la Ley 25.087, ya no es suficiente con la edad del sujeto pasivo para calificar como ilícita la conducta sexual —como sucedía en nuestros antecedentes—, sino que se requiere en el sujeto activo la realización de una conducta sexual abusiva, de donde es lícito inferir, como se ha puesto de relieve, que al consentimiento de la persona enajenada (agregamos: también del menor) se le concede cierta relevancia en orden a excluir la antijuricidad del acceso carnal habido con ella y, consecuentemente, podría inferirse también que ello implica un reconocimiento implícito de su libertad sexual... Mas, como en ausencia de abuso, el consentimiento del enajenado suprime la responsabilidad criminal de su pareja, inexcusable es admitir que se le reconoce una libertad restringida que forzosamente ha de recibir protección, sin que pueda ser convertida en el único bien jurídico, dado que, mediando el repetido abuso, la aquiescencia es inane[51].

Hoy, debemos entender —fundamentalmente desde el derecho penal— que el niño es una persona "capaz" de ejercer sus derechos, no un incapaz cuya capacidad debe ser objeto de prueba en un proceso judicial. No, el niño es, conforme las nuevas normas del derecho privado —que deben ser recogidas por el derecho penal—, un sujeto de derecho con capacidad de ejercicio por sí mismo, conforme con su desarrollo evolutivo que se determine en cada caso en particular. En todo caso, objeto de prueba debe ser la conducta sexual abusiva, no la existencia de capacidad en el sujeto pasivo.

Si bien es cierto que el derecho penal posee autonomía e independencia de las otras ramas del orden jurídico[52], también es verdad que un mínimo de coherencia en el razonamiento nos debe de decir que no se puede sostener que en una parcela del orden jurídico (por ej. el derecho civil) se establezca una regla jurídica que determina qué o cómo se debe entender por cierta y específica categoría normativa, y en el derecho penal esa misma categoría normativa se la interpreta con un significado diferente, que es lo que sucede, precisamente, con la capacidad de las personas. Dicho de otro modo, el Derecho penal tiene autonomía para tipificar como delito una acción sexual con un menor de 13 años de edad, pero lo que no puede hacer es sancionar esa conducta por considerar a ese menor como una persona incapaz (absoluto), por cuanto para el orden jurídico, ese menor es una persona con capacidad de dere-

---

51 Conf. ORTS BERENGUER Enrique, *Delitos contra la libertad sexual*, Tirant lo Blanch Alternativa, págs. 37 y sig., Valencia, 1995.

52 Véase LUZÓN PEÑA Diego-Manuel, *Curso de derecho penal, parte general* I, Editorial Universitas S.A., págs. 71 y sig., Madrid 1996.

cho y de ejercicio. Resultaría un contrasentido insalvable que una persona sea considerada capaz para el derecho civil y esa misma persona no lo sea para el derecho penal. El menor de edad es menor de edad, tanto para el derecho civil como para el derecho penal.

El derecho penal —como se dijo— puede calificar, en principio, como delito, toda acción sexual llevada a cabo por un menor de 13 años con un tercero, pero, lo que no puede hacer es considerar a esa persona —por el hecho de tener esa edad— una persona incapaz, sin antes verificar en el caso particular si cuenta o no con un grado de madurez suficiente para tomar decisiones en su vida sexual. Es por esta razón que no cualquier acción sexual con un menor de 13 años de edad configura un delito sexual, sino sólo cuando se trate de una acción sexual abusiva.

Desde la perspectiva del derecho privado, las limitaciones a la capacidad —como se dijo— son de carácter excepcional (art. 31.b CCyCN) y así también debe entenderse desde el derecho penal. La persona menor de 13 años, para nuestro ordenamiento, es una persona capaz, es decir, con autonomía para tomar decisiones por si misma; esa es la regla general en materia de capacidad de las personas; por lo tanto, no puede ser considerada, por el derecho penal, una persona incapaz para prestar un consentimiento válido en materia sexual por el solo hecho de no haber cumplido 13 años de edad. Recordemos que, para al texto original del artículo 119 CP, la edad mínima para la prestación del consentimiento era de 12 años, mientras que hoy, después de más cien años, el legislador ha elevado ese mínimo legal a 13 años de edad, pero con la diferencia que también ha introducido una cortapisa en el ámbito del tipo, esto es, que la conducta punible debe tratarse de una conducta sexual abusiva.

Dicho de otro modo, el derecho penal no castiga como delito cualquier acción sexual con un menor de 13 años de edad, sino sólo aquella acción que, por sus propias características, puede calificarse de "acción abusiva".

La presunción que surge del artículo 119 del Código penal en cuanto se castiga con prisión el abuso sexual de un "menor de 13 años", debe considerarse —contrariamente a cómo piensan algunos y a cómo se establecía en el texto original de dicho artículo— como una presunción de carácter relativo (*iuris tantum*), por cuanto ya no sólo habrá de considerarse la edad del menor para verificar la existencia o no de consentimiento, sino también su "grado de madurez y desarrollo", en función del principio de autonomía progresiva y la exigencia de una conducta sexual abusiva como presupuesto del castigo penal[53].

Dicho con otros términos, no basta con verificar solamente la edad del menor para determinar la existencia o no de consentimiento —como en el texto derogado— sino que se debe indagar cada caso en concreto a fin de determinar, por un lado, el grado de madurez y desarrollo evolutivo del menor y, por otro lado si ha prestado el consentimiento libre de toda violencia, intimidación o fraude, vale decir, si el hecho se materializó no en un mero acto sexual sino en un "acto sexual abusivo".

El artículo 119 CP —si abrevamos en su interpretación tradicional— se nutre de dos elementos que hoy no pueden sostenerse: de un lado, una vulnerabilidad "presumida" (*iuris et de iure*) en el menor de 13 años que, ciertamente, podría no existir y, de otro lado, una minoridad "convertida" en incapacidad, conversión que choca de frente con

[53] En algún pasaje de la Circular 1/2017, de 6 de junio, sobre la interpretación del art. 183 quater del CP español, de la Fiscalía General del Estado, en la versión de la LO 1/2015, de 30 de marzo, se dice: "En lo que concierne a menores de edad, como recuerda el Comité de los Derechos del Niño, el término "madurez" hace referencia a la capacidad de comprender y evaluar las consecuencias de un asunto determinado. Los niveles de comprensión no van ligados de manera uniforme a la edad cronológica. La información, la experiencia, el entorno, las expectativas sociales y culturales y el nivel de apoyo contribuyen al desarrollo de la capacidad del niño. Por ese motivo, tienen que evaluarse mediante un examen caso por caso" (disponible en www.boe.es).

el ordenamiento jurídico en vigor, el que establece que la capacidad es la regla y la incapacidad la excepción (art. 31 CCyCN)[54].

En la actualidad, ya no es suficiente con recurrir a la partida de nacimiento de la persona para verificar la existencia de delito —como en el viejo régimen—, sino que se deben aportar otros elementos en el caso particular.

Pensemos en una relación sexual entre un menor de 12 años cumplidos y otro de 16 o 17 años. Si se entendiera que la presunción del artículo 119 es absoluta —como ocurría con la fórmula derogada—, entonces habría delito, pues el consentimiento sería considerado irrelevante por la sola circunstancia de contar uno de ellos con 12 años de edad, aun cuando la conducta sexual desplegada por el sujeto activo no haya sido abusiva. Se trataría, en suma, de un exceso de penalización de acciones sexuales entre adolescentes, precisamente lo que se intentó evitar con la reforma de 1999.

El grado de madurez del menor no es extraño al derecho penal; está previsto, por ejemplo, como elemento del tipo de injusto en el delito de estupro del artículo 120 CP, vale decir que, si el autor se aprovechara de la "inmadurez sexual" de la víctima —que debe tratarse de una persona mayor de 13 y menor de 16 años de edad—, la acción sexual configuraría el delito pero, si ese mismo menor fuera una persona madura sexualmente y prestara libremente el consentimiento (circunstancias que deben presumirse existentes, porque jurídicamente se trata de una persona capaz) entonces la relación sexual con él quedaría al margen del derecho penal.

Vale decir, que después de la reforma del 99, los delitos sexuales previstos en los artículos 119 y 120 del Código penal, se han desprendido del encorsetamiento que implica-

---

54 Véase las reflexiones de GONZÁLEZ AGUDELO Gloria, *La sexualidad de los jóvenes: criminalización y consentimiento (art. 183 quater del Código penal),* Tirant lo Blanch Delitos, No. 163, Valencia, 2021.

ba la edad del menor como límite automático del consentimiento en materia sexual, que rigió durante la vigencia del texto derogado, debiendo, en la actualidad, verificarse en cada caso en concreto, la capacidad evolutiva del niño/a —esto es, su real situación de madurez y autonomía para comprender el acto que realiza— y la conducta sexual realizada, que debe tratarse —insistimos— de una conducta sexual abusiva.

Dicho con otros términos, de un sistema de incapacidad absoluta del menor en razón de la edad (*iuris et de iure*, del antiguo régimen) se ha pasado a un sistema de incapacidad relativa (*iuris tantum*), que debe ser verificada en cada caso en particular. Si el menor de 12 años cumplidos ha comprendido el sentido y alcance del acto sexual realizado y la conducta sexual no fue abusiva (por ejemplo, por inexistencia de algún elemento que revele notoria desigualdad —asimetría etaria muy notoria, o de poder—, o por aprovechamiento de una situación de vulnerabilidad, etc.) entonces la relación sexual llevada a cabo no puede configurar ningún delito sexual.

El menor de 13 años, por el sólo hecho de tener esa edad, no debe ser considerado una persona vulnerable, pues se trata de una persona con capacidad de derecho y de ejercicio, circunstancia que no admite discusión; en todo caso, deberá determinarse en cada caso en concreto que ése menor prestó o no el consentimiento en forma libre y voluntaria y que carece de la madurez y desarrollo suficientes para expresar su voluntad.

El Código penal, en el artículo 119, —interpretado con el sentido y alcance que ha tenido históricamente— hace una distinción anteponiendo, en principio, la edad del sujeto pasivo: si tiene 13 años cumplidos o más, la relación sexual, en principio, está al margen de toda intervención penal, pero, si aun no ha alcanzado esa edad, el hecho es punible como abuso sexual, aun cuando la víctima haya prestado el consentimiento para el acto sexual. Esta es la regla general que surgiría de la interpretación automática del precepto legal.

Pero, esta interpretación del artículo 119, olvida que la reforma de la Ley 25.087 tuvo su origen en la idea (materializada en una realidad sociocultural distinta a la que se vivía en la sociedad en 1921) de que, desde aquellos años a esta parte, algo había cambiado en la visión de la sexualidad de los individuos, generándose un cambio cultural que, evidentemente, se patentizó con la reforma del Título III del Código penal. De lo contrario ¿porque cambiar?[55]

La reforma, sin duda, significó un gran aporte, debido —como antes se dijo— a nuevos hábitos y costumbres en la sexualidad de los individuos, de menores y mayores. Nadie podría negar en estos tiempos un acentuado cambio en la sexualidad de las personas, —especialmente de menores de edad—, que la que se tenía 30 años atrás, con anterioridad a la reforma del 99. El intercambio de imágenes sexuales explícitas entre adolescentes, potenciado por el uso de las nuevas tecnologías, por ejemplo, pone claramente en evidencia este cambio, y hay que asumirlo.

Si hacemos, por un lado, un análisis global del orden jurídico y, por otro lado, una interpretación correcta del tipo penal en cuestión, despojado de prejuicios y tabúes, la regla general de "presunción automática" cede en ciertas y específicas situaciones, como son los casos de las relaciones sexuales consentidas de menores de 13 años por cuanto, actualmente la capacidad del menor debe dimensionarse en función de la edad, el grado de madurez y el nivel de comprensión respecto de los actos que lleva a cabo. La incorporación del abuso como conducta sexual punible ha desplazado a la incapacidad absoluta para consentir que

---

55 Es verdad también —como subraya PÉREZ DEL VALLE— "... En la experiencia hasta el momento, no es la letra de la ley, sino la dogmática —que evoluciona en ocasiones de forma integrada a la teoría de la prueba— la que provoca cambios (Conf. Pérez del Valle Carlos, *Lecciones de Derecho penal,* parte general, 6ta. edición, pág. 42, Dykinson, Madrid 2022).

preveía el antiguo régimen para los menores de 12 (hoy, 13) años de edad.

En este sentido, se tiene dicho que, a partir de la reforma (del CCyCN), la edad no mide el desarrollo físico y psíquico del menor, sino que solo sirve como punto de aproximación y debe necesariamente complementarse con la valoración de sus condiciones de madurez y su aptitud suficiente para determinar su capacidad para ejercer cada acto. El requisito normativo se ha vuelto mixto: la edad y la madurez suficiente[56].

Una interpretación correcta del artículo 119 CP, deriva en que esta regla de la capacidad de los niños/as para el derecho privado, debe ser la misma regla para el derecho penal, habida cuenta de la incorporación del abuso como conducta central punible del tipo de injusto. De otro modo, no se podría entender la lógica del legislador de 1921 de establecer la edad mínima del consentimiento sexual a los 12 años y, en 1999, disponer que lo sea a partir de los 13, salvo que acudamos a la interpretación realizada más arriba: verificar si en el caso particular el menor tenía madurez suficiente (art. 26 y conc. CCyCN; art. 12 CDN), nivel de discernimiento (art. 707 CCyCN) y si la conducta sexual fue abusiva (art. 119, 1er. párrafo, CP).

El ordenamiento civil y comercial regula el régimen de los menores en la Sección 2da. —Persona menor de edad—, Capítulo 2 —Capacidad—, Título I —Persona humana—, del Libro Primero (arts. 19 a 32 y sig.)[57], estableciendo, entre otros derechos, que la persona que

---

56 Conf. MARTÍNEZ Melina Maluf, *Capacidad de niños y adolescentes para el ejercicio de los derechos de la personalidad en el nuevo sistema de derecho privado argentino*, 31/10/2018, pensamientocivil.com.ar

57 ***Articulo 25.–*** *Menor de edad y adolescente. Menor de edad es la persona que no ha cumplido dieciocho años.*

Este Código denomina adolescente a la persona menor de edad que cumplió trece años.

Articulo 26.– *Ejercicio de los derechos por la persona menor de edad. La persona menor de edad ejerce sus derechos a través de sus representantes legales.*

"cuenta con edad y grado de madurez suficiente puede ejercer por sí los actos que le son permitidos por el ordenamiento jurídico" (art. 26), entre los que está —como explicamos anteriormente— la libertad sexual, entendida, como pone de relieve Sáinz-Cantero Caparrós, como una manifestación específica del más amplio valor de la libertad individual, al que se concede una especial relevancia que lo dota de autonomía conceptual, sobre todo por afectar de forma directa a un plano personal, íntimo, especialmente delicado de la capacidad de decisión y ejecución como es el referido a la "libre disposición del propio cuerpo en el marco de los comportamientos sexuales" (destacado nuestro)[58].

Un análisis contextual del ordenamiento jurídico, permite inferir que la incapacidad del menor o del enajenado no debe presumirse por el solo hecho de tener menos de trece años de edad, sino que, en todo caso, tal situación debe ser probada en cada caso en particular, motivo por el cual debe reconocerse —como lo hizo ciertamente el legislador al incorporar el abuso como conducta típica en el artículo 119—, libertad sexual (en ejercicio) del sujeto pasivo menor de edad, vale decir, en resumidas cuentas,

---

No obstante, la que cuenta con edad y grado de madurez suficiente puede ejercer por sí los actos que le son permitidos por el ordenamiento jurídico. En situaciones de conflicto de intereses con sus representantes legales, puede intervenir con asistencia letrada.

La persona menor de edad tiene derecho a ser oída en todo proceso judicial que le concierne así como a participar en las decisiones sobre su persona.

Se presume que el adolescente entre trece y dieciséis años tiene aptitud para decidir por sí respecto de aquellos tratamientos que no resultan invasivos, ni comprometen su estado de salud o provocan un riesgo grave en su vida o integridad física.

Si se trata de tratamientos invasivos que comprometen su estado de salud o está en riesgo la integridad o la vida, el adolescente debe prestar su consentimiento con la asistencia de sus progenitores; el conflicto entre ambos se resuelve teniendo en cuenta su interés superior, sobre la base de la opinión médica respecto a las consecuencias de la realización o no del acto médico.

A partir de los dieciséis años el adolescente es considerado como un adulto para las decisiones atinentes al cuidado de su propio cuerpo.

58 Conf. SÁINZ-CANTERO CAPARRÓS José E., *Sistema de Derecho Penal*, parte especial, (Dirección: Lorenzo Morillas Cueva), 4ta. edición, Dykinson S.L., pág. 264, Madrid 2021.

que no debe ser presumida la incapacidad para consentir en forma libre y voluntaria.

En esta dirección, se ha puesto de relieve que la madurez se emparenta con la noción bioética de "competencia", que refiere a la existencia de ciertas condiciones personales que permiten tener configurada una determinada aptitud, suficiente para el acto de cuyo ejercicio se trata. Esta noción es de carácter más empírico que técnico y toma en consideración la posibilidad personal de comprender, razonar, evaluar y finalmente decidir en relación al acto concreto. El calificativo de "suficiente" guarda relación con el acto de que se trata, así, la suficiencia puede existir para ejercer un acto y tal vez estar ausente en relación a otros[59].

El reconocimiento de una capacidad progresiva implica poner la mira en la personalidad del niño y en el respeto de las necesidades que presenta en cada período de la vida, propiciando su participación activa en el proceso formativo y promoviendo un gradual reconocimiento y efectiva realización de su autonomía en el ejercicio de los derechos, en función de las diferentes etapas de su desarrollo evolutivo.

Como derivación de todo lo dicho, se puede afirmar que la conducta sexual del sujeto activo solo será típica en la medida que tenga potencialidad negativa (de causación futura) o incidencia nociva para la dignidad y el libre desarrollo de la personalidad del sujeto pasivo, circunstancia sólo cuantificable y verificable en cada caso en particular,

---

[59] "Así, si bien una persona puede ostentar capacidad en términos generales, como noción quizás más transversal, puede en cambio carecer de competencia para la toma de determinadas decisiones; a la inversa, la carencia de la tradicional capacidad civil no impide admitir la aptitud de la persona que demuestre comprender, razonar y definir opciones en relación a un acto concreto, esto es, ostentar competencia a pesar de su eventual condición de incapacidad civil" (FERNÁNDEZ, S., *Comentario al artículo 24. Código Civil y Comercial Comentado.* INFOJUS. 2015, cit. por MARTÍNEZ Melina Maluf, *Capacidad de niños y adolescentes para el ejercicio de los derechos de la personalidad en el nuevo sistema de derecho privado argentino*, 31/10/2018, pensamientocivil.com.ar).

en el que se compruebe que el menor o el enejenado han sido instrumentalizados por el sujeto activo, vale decir, cuando se ha aprovechado de las limitaciones o incapacidades cognoscitivas y volitivas de la víctima a fin de obtener su consentimiento para el acto sexual. Sólo de este modo podría justificarse la intervención del derecho penal.

Un análisis del bien jurídico libertad sexual desde una perspectiva constitucional —como un bien atinente a todos los individuos por igual— no puede perder de vista a las personas con capacidades diferentes. La incorporación del elemento "abuso de...", en el tipo de injusto del párrafo 1ro. del artículo 119 del Código penal, autoriza a deducir (e interpretar) un reconocimiento legislativo de la libertad sexual para todas las personas por igual. Por lo tanto, cabe suponer, que una interpretación enconcertada en el marco referencial que implica la presunción absoluta *iuris et de iure*, respecto de menores de 13 años de edad y otros incapaces con relación a la validez del consentimiento prestado para un acto sexual determinado, es inconstitucional, no sólo por el hecho de que "la capacidad de ejercicio se presume" (art. 31 CCyCN), mientras que la presunción absoluta anula esa capacidad que por imperio de la ley tiene toda persona humana, sino porque impacta de lleno contra un derecho fundamental del individuo, la libertad de ejercer su sexualidad en forma libre y voluntaria. La excepción estaría dada siempre y cuando la relación sexual haya tenido una incidencia negativa en la vida sexual futura del menor o del incapaz. Dicho de otro modo, por la sola circunstancia de ser el sujeto pasivo menor de 13 años de edad o padecer alguna incapacidad, no se puede concluir fundadamente de que toda relación sexual consentida con ese menor vaya a influir negativamente en él. Por exigencia del tipo de injusto, sólo una conducta sexual abusiva puede ser potencialmente idónea para causar tales efectos en la vida sexual del menor.

Recapitulando todo lo expuesto, a fuerza de ser reiterativo, nos parece importante volver a subrayar que:

La realidad normativa que, según la clásica visión, se contiene en el artículo 119 del Código penal —implicando un sistema rígido, inflexible y automático al presuponer que toda relación sexual de un adulto (o de un menor de edad) con un menor de trece años es, por ese sólo hecho, ilícita—, se contrapone, no sólo con la propia dicción del primer párrafo del art. 119 del Código penal (cuyo texto exige una "acción sexual abusiva" con el menor de trece años), sino también con expresas disposiciones, tanto del Código Civil y Comercial de la Nación (arts. 26 y 639)[60] como de la Convención sobre los Derechos del Niño, aprobada por la Ley 23.849/1990 y declarada de aplicación obligatoria por la Ley 26.061/2005[61], preceptivas que han

---

60 Art. 26 CCyCN: Ejercicio de los derechos por la persona menor de edad. "La persona menor de edad ejerce sus derechos a través de sus representantes legales. No obstante, *la que cuenta con edad y grado de madurez suficiente puede ejercer por sí los actos que le son permitidos por el ordenamiento jurídico.* En situaciones de conflicto de intereses con sus representantes legales, puede intervenir con asistencia letrada. La persona menor de edad tiene derecho a ser oída en todo proceso judicial que le concierne así como a participar en las decisiones sobre su persona. Se presume que el adolescente entre trece y dieciséis años tiene aptitud para decidir por sí respecto de aquellos tratamientos que no resultan invasivos, ni comprometen su estado de salud o provocan un riesgo grave en su vida o integridad física. Si se trata de tratamientos invasivos que comprometen su estado de salud o está en riesgo la integridad o la vida, el adolescente debe prestar su consentimiento con la asistencia de sus progenitores; el conflicto entre ambos se resuelve teniendo en cuenta su interés superior, sobre la base de la opinión médica respecto a las consecuencias de la realización o no del acto médico. A partir de los dieciséis años el adolescente es considerado como un adulto para las decisiones atinentes al cuidado de su propio cuerpo". La figura de la llamada *responsabilidad parental* surge del texto del art. 639, que establece: Principios generales. Enumeración. "La responsabilidad parental se rige por los siguientes principios: a) el interés superior del niño; b) la *autonomía progresiva del hijo conforme a sus características psicofísicas, aptitudes y desarrollo.* A mayor autonomía, disminuye la representación de los progenitores en el ejercicio de los derechos de los hijos; c) el derecho del niño a ser oído y a que *su opinión sea tenida en cuenta según su edad y grado de madurez*" (destacados nuestros).

61 CDN, art. 12: "1. Los Estados parte garantizarán al niño que esté en condiciones de formarse un juicio propio el derecho de expresar su

abandonado el viejo modelo tutelar y paternalista de la anterior legislación civil para adoptar un nuevo modelo de capacidad de los menores enmarcado en un sistema flexible y dinámico, caracterizado por la autonomía y capacidad progresiva del menor, atendiendo no sólo a su edad sino también a su capacidad, desarrollo y grado de madurez.

Con arreglo,entonces, a la normativa vigente, el niño ha dejado de ser un objeto sometido a la instumentalización o cosificación de la institución familiar para pasar a constituirse en un "sujeto de derechos", con capacidad para ser titular de derechos fundamentales (capacidad de derecho, art. 22 CCyC) y obrar en consecuencia (capacidad de ejercicio, art. 23 CCyC), conforme con el desarrollo de sus propias facultades para ejercer su derecho a elegir un determinado proyecto personal de vida y ser el propio autor de sus preferencias y deseos personales (régimen de capacidad o autonomía progresiva, art. 5 CDN)[62].

El niño tiene, conforme el sistema jurídico en vigencia, capacidad de derecho y, como principio general, capacidad de ejercicio, con la salvedad de las limitaciones que impone el propio orden jurídico; por lo tanto, posee aptitud para actuar por sí mismo en la vida de relación[63], de

---

opinión libremente en todos los asuntos que afectan al niño, teniéndose debidamente en cuenta las opiniones del niño, *en función de la edad y madurez del niño.* 2. Con tal fin, se dará en particular al niño oportunidad de ser escuchado, en todo procedimiento judicial o administrativo que afecte al niño, ya se directamente o por medio de un representante o de un órgano apropiado, en consonancia con las normas de procedimiento de la ley nacional" (destacado nuestro).

62 CDN, art. 5: "Los Estados parte respetarán las responsabilidades, los derechos y los deberes de los padres o, en su caso, de los miembros de la familia ampliada o de la comunidad, según establezca la costumbre local, de los tutores u otras personas encargadas legalmente del niño de impartirle, *en consonancia con la evolución de sus facultades,* dirección y orientación apropiadas para que el niño ejerza los derechos reconocidos en la presente Convención" (destacado nuestro).

63 CONTE-GRAND Julio, en *Tratado de Derecho Civil y Comercial* (Sánchez Herrero Andrés, Director; Sánchez Herrero Pedro, Coordinador), T.1, parte general, págs. 342 y sig., La Ley, 2016.

acuerdo a las prescripciones convencionales en vigor. Esta aptitud para valerse o tomar iniciativas por sí mismo, en forma autónoma, puede verse afectada —como se ha puesto de relieve— por la inmadurez mental y la insanidad mental, situaciones que generan de que el ejercicio de los derechos del menor queden en cabeza de sus representantes legales (art. 24 CcyC)[64].

Por lo tanto y priorizando la normativa convencional-constitucional —aun cuando en ciertas situaciones el derecho penal se distancie de categorías o conceptos propios de otras disciplinas— entendemos que la edad —como hemos repetido varias veces— no puede ser el único elemento que determine la ilicitud o no de una relación sexual con un menor de trece años (se trata sólo de un factor indicativo u orientativo), sino que, además de la "conducta abusiva" requerida por el propio tipo penal (art. 119)[65], se deberá ponderar, en cada caso en particular, el grado de desarrollo y madurez del niño[66], respetándose de tal manera su dere-

---

64 Conf. CONTE-GRAND Julio, *op.cit.*, pág. 344.

65 La "conducta abusiva" –como requisito imprescindible del tipo objetivo del delito de abuso sexual, ha implicado, según nuestro ver, una derogación implícita de la presunción *iuris et de iure* de la antigua redacción del art. 119 (anterior a la reforma de la Ley 25.087), de modo que la nueva redacción permite considerar la presunción relativa al consentimiento como *iuris tantum*, esto es, que se admite la posibilidad de probar en el respectivo proceso judicial no solamente la in-capacidad de ejercicio del menor de trece años (in-existencia de un desarrollo aceptable de la personalidad y grado de madurez suficiente como para comprender el acto realizado), sino la inexistencia de una "acción abusiva" por parte del agente activo, ya sea por la falta de una situación asimétrica etaria muy lejana entre los sujetos, o bien por la ausencia de aprovechamiento o manipulación del menor, convencimiento a través de engaño u otros artificios, interferencia de otras personas, sorpresa, prevalimiento, instrumentalización del menor, etc.

66 Situaciones que habrán de determinarse en cada caso en concreto, merced al auxilio de las ciencias auxiliares (medicina, psiquiatría forense, pericias psicológicas, etc.).

cho fundamental a autodeterminarse —autónomamente— en la vida sexual[67].

---

[67] Para mayores detalles sobre nuestra posición respecto del consentimiento del menor en el campo de los delitos sexuales, véase BUOMPADRE Jorge Eduardo, *Tratado de Derecho penal*, parte especial, T.1, págs. 393 y sig., Editorial Astrea, 2009.

VI. La violencia sexual contra la mujer y su juzgamiento con perspectiva de género

La violencia sexual no implica una mera parábola que se agota en el propio ejercicio de la fuerza física o moral contra una persona, vulnerando un bien jurídico protegido por el ordenamiento jurídico, sino que tiene, ciertamente, un mayor sentido y alcance.

La violencia sexual implica mucho más que una expresión de la agresión física, psicológica o simbólica contra una persona, pues abarca, no solamente la agresión sexual violenta en sentido estricto (por ejemplo, la que se emplea en el delito de violación), sino también distintas formas de acoso y de explotación sexual (especialmente de mujeres, niños, niñas y adolescentes, de otras manifestaciones de la criminalidad violenta, como la trata de personas con fines sexuales, el matrimonio forzado, la mutilación genital femenina, etc.), como así a la violencia sexual cometida en un entorno digital[68].

En la Exposición de Motivos de la LO 10/2022, de 6 de septiembre, reformadora del Código penal español, se dice que "Las violencias sexuales no son una cuestión individual, sino social; y no se trata de una problemática coyun-

---

68 Véase mayor desarrollo de estas manifestaciones de la criminalidad, en BUOMPADRE Jorge Eduardo, *Violencia de género en la era digital*, Editorial Astrea, Buenos Aires, 2016; ibídem, *Grooming, una forma de acoso sexual a menores en el mundo digital* (art. 131 del Código penal), Editorial ConTexto, Resistencia (Chaco), 2015. AROCENA Gustavo A. y BALCARCE Fabián I., Child grooming. Contacto tecnológico con menos para fines sexuales, Lerner Editorial, Córdoba, 2014. Igualmente, *Acosos en la Red, a Niños, Niñas y Adolescentes*, Colección Cibercrimen/1 (Dir. Daniela S. Dupuy, Coord. Catalina F. Neme), Prólogo: Jorge E. Buompadre, Hammurabi, Buenos Aires, 2021.

tural, sino estructural, estrechamente relacionada con una determinada cultura sexual arraigada en patrones discriminatorios que debe ser transformada. Al mismo tiempo que se inflige un daño individual a través de la violencia sobre la persona agredida, se repercute de forma colectiva sobre el conjunto de las mujeres, niñas y niños que reciben un mensaje de inseguridad y dominación radicado en la discriminación, y sobre toda la sociedad, en la reafirmación de un orden patriarcal. Por ello, la respuesta a estas violencias debe emerger del ámbito privado y situarse indiscutiblemente en la esfera de lo público, como una cuestión de Estado".

En el ámbito internacional, la violencia sexual ha sido definida por la OMS (en el "Informe mundial sobre la violencia y la salud", Washington, Oficina Regional para las Américas, 2003), como "Todo acto sexual, la tentativa de consumar un acto sexual, los comentarios o insinuaciones sexuales no deseados o las acciones para comercializar o utilizar de cualquier otro modo la sexualidad de una persona mediante coacción por otra persona, independientemente de la relación de esta con la víctima, en cualquier ámbito, como así también puede ocurrir cuando la persona agredida no está en condiciones de dar su consentimiento".

La violencia no sólo ha sido históricamente el paradigma de muchos de los delitos sexuales agrupados en el Título III (Libro II) del Código penal, sino también un quebrantamiento de otras normativas que tienen muy estrecha relación con estas infracciones, como por ejemplo la Ley 26.485/2009, de Protección Integral a las Mujeres, cuyo artículo 2.b establece el derecho de las mujeres a vivir una vida libre de violencia, y de la Convención Interamericana para prevenir, sancionar y erradicar la Violencia contra la Mujer —"Convención de Belem do Para"— (aprobada por Ley 24.632/1996), que considera a la violencia contra la mujer como una violación de los derechos humanos y las libertades fundamentales y que la limita total o parcialmente en el reconocimiento, goce y ejercicio de tales derechos y libertades, estableciendo que este tipo de violencia incluye la "violencia física, sexual y psicológica" (art.2), como que "Toda mujer tiene derecho a una vida libre de violencia, tanto en el ámbito público como en el privado" (art. 3), debiendo garantizárceles "el derecho a igualdad de protección ante la ley y de la ley" (art. 4.f).

Sin perjuicio de lo expuesto, ciertamente que las reformas legales muchas veces no son suficientes para garantizar los derechos de las mujeres en materia de igualdad de género, garantía que solo es posible concretar merced a una debida y diligente investigación de los hechos de violencia en el caso judicial. Es de aquí, la importancia del juzgamiento de la violencia sexual con "perspectiva de género", a fin de lograr la igualdad de tratamiento de sus derechos con los del varón[69].

Si bien es cierto que de la Convención de Belém no surge explícitamente que los casos en los que están en juego los derechos de la mujer víctima de una agresión sexual, deben ser juzgados con perspectiva de género —como se establece, por ejemplo, en el Convenio de Estambul del Consejo de Europa[70]—, también lo es que un análisis contextual del instrumento internacional en relación con el

---

69 Confr. DE VICENTE MARTÍNEZ Rosario, *El delito de violación: problemas que plantea su vigente redacción, págs. 209 y sig., en* *La Manada. Un antes y un después de la regulación de los delitos sexuales en España* —varios autores— FARALDO CABANA Patricia y ACALE SÁNCHEZ María (Directoras),Tirant lo Blanch Alternativa No. 91, Valencia, 2018.

70 Convenio del Consejo de Europa sobre prevención y lucha contra la violencia contra las mujeres y la violencia doméstica (Estambul, 2011).
Art. 3.a. Por "violencia contra las mujeres" se deberá entender una violación de los derechos humanos y una forma de discriminación contra las mujeres, y designará todos los actos de violencia basados en el género que implican o pueden implicar para las mujeres daños o sufrimientos de naturaleza física, sexual, psicológica o económica, incluidas las amenazas de realizar dichos actos, la coacción o la privación arbitraria de libertad, en la vida pública o privada. ... d. "Por violencia contra la mujer por razones de género se entenderá toda violencia contra una mujer porque es una mujer o que afecte a las mujeres de manera desproporcionada".

orden jurídico en general, permite inferir que el enfoque de género es esencial en el juzgamiento de estos delitos, conclusión a la que se llega sin mucho esfuerzo interpretando la fórmula establecida en el art. 4 de la Convención Americana: "Toda mujer tiene derecho al reconocimiento, goce, ejercicio y protección de todos los derechos humanos y a las libertades consagradas por los instrumentos regionales e internacionales sobre derechos humanos". Claro que, la esencialidad de este enfoque en los casos judiciales, será tal en la medida que se observen las cautelas y prevenciones que serán objeto de análisis a lo largo de este trabajo.

En la actualidad, sin embargo, pareciera estar sucediendo un fenómeno inverso en la investigación de los delitos cometidos contra mujeres y niñas, esto es, que se está utilizando en forma excesiva esta herramienta en perjuicio del varón sospechoso de los actos de agresión, multiplicándose los riesgos no sólo para la preservación del principio del debido proceso (y el derecho a la tutela judicial efectiva de todos los actores que intervienen en el mismo) sino, especialmente, para la presunción de inocencia como máxima garantía constitucional que debe primar en todo proceso

---

Art. 6, Políticas sensibles al género. "Las Partes se comprometen a incluir un enfoque de género en la aplicación y la evaluación del impacto de las disposiciones del presente Convenio y a promover y aplicar de manera efectiva políticas de igualdad entre mujeres y hombres y para la adquisición de autonomía de las mujeres".

A su vez, en el Capítulo VI —Investigación, procedimientos, derecho procesal y medidas de protección—, se dispone: Artículo 4.– Obligaciones generales:

1. Las Partes adoptarán las medidas legislativas o de otro tipo necesarias para que la investigación y los procedimientos judiciales relativos a todas las formas de violencia incluidas en el ámbito de aplicación del presente Convenio se lleven a cabo sin demoras injustificadas, sin perjuicio del derecho de la víctima a todas las fases del proceso penal.

2. Las Partes adoptarán las medidas legislativas o de otro tipo necesarias, de conformidad con los principios fundamentales de los derechos humanos y teniendo en cuenta la *perspectiva de género* en este tipo de violencia, para garantizar una investigación y un procedimiento efectivos por los delitos previstos en el presente Convenio.

a favor del acusado, hasta tanto no se haya dictado en su contra una sentencia de condena que haya pasado en autoridad de cosa juzgada.

El enfoque de género que se observa en las decisiones judiciales de los últimos años a esta parte, cuando la víctima de la violencia es una mujer, se ha convertido en un cajón de sastre poblado en ideas, opiniones, argumentos, sugerencias, etc., de toda clase y color, pero, en la mayoría de los casos, con una meta común: todas convergen, como por arte de magia, en la condena del infractor que, por lo general, es un varón.

El tema, indudablemente, tiene vinculación muy estrecha con la violencia de género y, aunque pareciera que esto es algo obvio y que, además, su uso pareciera estar de moda por la frecuencia de su aplicación por los tribunales de justicia, de cualquier fuero, lo cierto es que es muy difícil encontrar una sentencia que no haga referencia a este mecanismo cuando la víctima o damnificada es una mujer y, en especial, la contraparte es un varón, sea que haya sido su pareja, su ex pareja, su amigo, su enemigo, un tercero sin relaciones de parentesco con la víctima, etc.

La cuestión que se presenta con este tema reside, —da toda la sensación—, en el hecho de que cuando aparece una mujer en escena, se nos presenta como un monstruo mitológico este instrumento que conocemos como "perspectiva de género", una herramienta cuyas consecuencias, muchas veces —fundamentalmente en las infracciones de baja punitividad— lo único que produce es la ruptura definitiva de una relación interpersonal que, mediante el recurso a otras opciones posibles hubiera permitido indagar en otras (mejores y más efectivas) alternativas para la solución del conflicto.

Es frecuente ver, en el ejercicio de la actividad profesional, que una simple pelea de pareja, termina en los tribunales de justicia por denuncia de la mujer, muchas veces falsa (por ej. por lesiones leves, amenazas, violación de domicilio, insultos, agresiones, etc., —sea que se hayan realizado físicamente o por vía remota, por ej. por mensajes de texto o de voz, si se tratara de amenazas—, todos delitos conminados con penas relativamente bajas), y el juez —recurriendo a este pequeño gran monstruito—, invocando los Convenios Internacionales y las leyes de violencia contra la mujer decreta, mínimamente, un distanciamiento obligatorio (que la mayoría de las veces se convierte en una trampa) y que lo único que produce es más daño a la pareja, que pasa un largo tiempo sin verse y con el riesgo de que se violen reglas de conducta que podrían conducir al infractor a la cárcel, si es que el juez —para proteger a la mujer de las garras de su pareja—, como si fuera un guardián de la moral individual y colectiva, ya no decidió ponerlo en prisión preventiva negándole, a su vez, no sólo la libertad provisional sino cualquier otra medida alternativa para la solución del conflicto. Un exceso de Derecho penal en la solución de pequeñas rencillas familiares, lo único que generaría es un efecto perjudicial añadido a un conflicto originario que podría haberse solucionado con opciones menos severas y estigmatizantes, evitándose, de tal modo, negativas consecuencias para los derechos fundamentales de las partes.

La cuestión es diferente, por supuesto (aunque no demasiado), si se trata de la investigación de delitos más graves (por ejemplo, abusos sexuales en grupo) o de aquellos que no tienen retroceso, por ej. el homicidio de la pareja o ex pareja aunque, en estos casos y más allá de la penalidad que prevé el Código penal para estos tipos de crímenes (ciertamente, mucho mas elevadas que las contempladas en el Estatuto de Roma para los crímenes internacionales de competencia de la Corte[71]), también el uso impropio

---

[71] Estatuto de Roma, aprobado por la Ley 25.390/2001 e implementado por la Ley 26.200/2007.
PARTE VII. DE LAS PENAS
Artículo 77.– Penas aplicables
1. La Corte podrá, con sujeción a lo dispuesto en el artículo 110, imponer a la persona declarada culpable de uno de los crímenes a que se hace referencia en el artículo 5 del presente Estatuto una de las penas siguientes:

de la perspectiva de género puede conducir a decisiones injustas.

Y este uso impropio se observa cuando los jueces de juicio (o de revisión), frente a un caso de violación (individual o en manada), o de otra modalidad de abuso sexual, o bien de algún hecho de violencia extrema (homicidio), comienzan la tarea de análisis recurriendo —como primera medida— a la aplicación de la perspectiva de género como recurso dialéctico y argumental, sin antes verificar si se trata de un caso en el que se perciban (o se hayan presentado) claramente posiciones asimétricas en la relación entre los sujetos activo y pasivo, esto es, situaciones visibles e incontestables de desigualdad y discriminación (relación desigual de poder, que son las relaciones que deben probarse en el proceso), para luego utilizar este mecanismo —el enfoque de género— para tomar una decisión que, por lo general, beneficia los intereses de la mujer víctima de la agresión.

No, los jueces hacen las cosas, incorrectamente, al revés, hasta se podría decir automáticamente (sin que esta afirmación implique —o deba pensarse que implica— desde luego, una opinión contraria a una efectiva protección de los derechos humanos de las mujeres): primero se acude a la perspectiva de género, dando un crédito hipervalorado sólo a la denuncia de quien se considera víctima y luego se verifica si existió o no en la relación interpersonal una posición asimétrica entre las partes, sin reparar en que no siempre una violación sexual o un homicidio, en los que la víctima es una mujer, presuponen una situación de violencia de género. Pensar lo contrario, implicaría, por un lado, convertir el elemento violencia de género —mediante la interpretación— en una circunstancia agravatoria de la situación procesal del acusado y, por otro lado, vaciaría

---

a) La reclusión por un número determinado de años que no exceda de 30 años; o

b) La reclusión a perpetuidad cuando lo justifiquen la extrema gravedad del crimen y las circunstancias personales del condenado.

de contenido muchas figuras del Código penal cuando la víctima es una mujer.

Es por este uso impropio de esta herramienta conceptual que sostenemos la idea —como se verá con más detalles en páginas siguientes— de que, si no se aprecia en el caso algún atisbo, indicio o sospecha, constatable, de violencia de género, entonces el caso debe juzgarse sin recurrir al enfoque de género como mecanismo de análisis para verificar situaciones que no existen: las relaciones desiguales de poder entre el hombre y la mujer como sujetos del proceso.

En esto se debe insistir: no en todos los casos judiciales en los que la víctima (damnificada o denunciante) es una mujer —y el sospechoso de la agresión un varón—, se debe investigar o juzgar con perspectiva de género, salvo en aquellas hipótesis en donde se advierta la existencia de una relación interpersonal sistemática de violencia y vulnerabilidad en la víctima, o se trate de hechos probados o comprobables aportados por la víctima. La sospecha de la existencia de este tipo de situaciones, sin una previa constatación —sin el aporte de elementos complementarios de corroboración de los hechos que se están investigando—, no es suficiente; se debe probar la existencia de violencia de género, para que se justifique la protección reforzada del grupo (o de la mujer en el caso particular), situación que implica un deterioro evidente del goce de derechos y libertades en pie de igualdad con el hombre[72].

---

[72] Conf. AGUILAR LÓPEZ Miguel Ángel, *Perspectiva de género en el sistema de justicia penal. Delito de homicidio,* disponible en corteidh.org.cr, en el que afirma que "El principio de igualdad es un principio normativo que requiere la protección de las diferencias, comenzando por la diferencia de género, precisamente porque, de hecho, somos diferentes, no existe ninguna oposición entre igualdad y diferencia, pues se implican entre ellas, la contradicción está en las desigualdades, pues la igualdad importa la tutela de las diferencias y la reducción de las desigualdades". Respecto de la agravante "por razones de género", incorporada al art. 22.4 del Código penal español (LO 1/2015 de 30 de marzo), una sentencia de un tribunal de Asturias, tiene resuelto que "la agravante de género... obedece a que el género... puede constituir un fundamento de acciones dis-

1. ESTADÍSTICA SOBRE VIOLENCIA DE GÉNERO

Según un informe de la Unidad Fiscal Especializada en Violencia contra las Mujeres (UFEM), de la Ciudad Autónoma de Buenos Aires (CABA), entre los años 2015 y 2020 se registraron un total de 82 víctimas de femicidios en la ciudad, lo que representa el 62% de los 133 homicidios dolosos de mujeres cis, mujeres trans y travestis.

Un informe del Observatorio de Femicidios Adriana Marisel Zambrano, coordinado por la asociación civil La Casa del Encuentro, de octubre de 2022, da cuenta de que en Argentina se registró un total de 218 femicidios y trans/travesticidios en los primeros nueve meses de 2022, aunque mediante una investigación entre los años 2008 y 2020 de este mismo Observatorio, se ha podido registrar: 3.551 Femicidios, vinculados de mujeres y niñas y transfemicidios; 281 Femicidios vinculados de varones adultos y niños.

De acuerdo con esta información, se puede concluir que los delitos cometidos mediante el empleo de violencia contra la mujer —en particular el delito de femicidio— han aumentado en los últimos años, situación que nos habilita dudar acerca de si la violencia de género ha sido o no enfrentada con éxito en nuestro país, sobre todo si la lucha contra este tipo de violencia se realiza mediante los precarios instrumentos que puede proporcionar el sistema de justicia.

La normativa vigente en Argentina, relacionada con este tipo de violencia, es copiosa y muchas veces desconcer-

---

criminatorias diferentes del que abarca la rreferencia al sexo... y *se fundamenta en la mayor culpabilidad del autor por la mayor reprochabilidad del móvil que le impulsa a cometer el delito, siendo preciso que se acredite la intención de cometerlo contra la mujer por el hecho de ser mujer y como acto de dominio y superioridad*" —destacado de la autora— (cit. de GÓMEZ NAVAJAS Justa, *La perspectiva de género en Derecho penal,* en El Derecho penal en el siglo XXI. *Liber Amicorum* en Honor al Profesor José Miguel Zugaldia Espinar, pág. 254, Tirant lo Blanch, Valencia, 2021).

tante, sin mencionar, por supuesto, la profusa y enmarañada legislación de las provincias y de los municipios. Veamos alguna.

1. Ley 23.849/1990, aprobatoria de la Convención sobre los Derechos del Niño.
2. Ley 24.417/1994, de Protección contra la Violencia Familiar.
3. Ley 24.632/96, de ratificación de la Convención de Belén do Para.
4. Ley 26.061/2005, de Protección Integral de los Derechos de los Niños, Niñas y Adolescentes.
5. Ley 26.364/2008, de Prevención y Sanción de la Trata de Personas y Asistencia a sus Víctimas, reformada en 2012 por la Ley 26.842.
6. Ley 26.485/2009, de Protección Integral para Prevenir, Sancionar y Erradicar la Violencia contra las Mujeres en los Ámbitos en que Desarrollan sus Relaciones Interpersonales.
7. Ley 26.791/2012, que introdujo el delito de femicidio al Cód. penal.
8. Ley 26.904/2013, que introdujo el delito de grooming al Cód. penal.
9. Ley 27.499/2019, llamada "Ley Micaela"[73], que establece la capacitación obligatoria en género y

---

[73] La ley lleva ese nombre en homenaje a Micaela García, una joven entrerriana de 21 años, militante del Movimiento Evita y de Ni Una Menos, que fue víctima de femicidio en manos de Sebastián Wagner, en 2017. La sanción de esta ley ha dado lugar a críticas provenientes de diversos círculos de opinión, no por lo que significa la ley en sí misma, sino por la metodología usada por la política gobernante para imponer una determinada ideología a un importante sector de la sociedad, como lo es, ciertamente, la ideología de género. En esta dirección, puede consultarse el artículo de Claudia Peiró, "*Ley Micaela: la instrumentación de un reclamo legítimo para imponer un dogma minoritario*", en Infobae de 29/01/2023, en el que escribió "Cuando

---

los políticos tomaron este crimen como bandera no lo hicieron para adoptar medidas eficaces contra la violencia doméstica sino para convertir en doctrina oficial obligatoria una ideología extremista, marginal, que sostiene que el sexo no es biológico, que la distinción varón-mujer no es natural sino una construcción social; en concreto, usaron el caso para promulgar una ley por la cual todos los agentes de la administración pública deben someterse a una capacitación cuyos contenidos apuntan a estigmatizar a un género —el masculino—, a enjuiciar la heterosexualidad y a devaluar a la familia".

Más allá de esta opinión, y los objetivos (ocultos) que se pudieron haber perseguido con la sanción de esta Ley, lo cierto es que debe ser rechazada por su contenido pues, por un lado, establece en el art. 1° "la capacitación obligatoria en la temática de género y violencia contra las mujeres para todas las personas que se desempeñen en la función pública en todos sus niveles y jerarquías en los poderes Ejecutivo, Legislativo y Judicial de la Nación, mientras que por otro lado (sin respetar las libertades de pensamiento o ideológica de cada uno), sanciona a quienes no la cumplen, estableciendo en el art. 8° que "las personas que se negaren sin justa causa a realizar las capacitaciones previstas en la presente ley serán intimadas en forma fehaciente por la autoridad de aplicación a través y de conformidad con el organismo de que se trate. El incumplimiento de dicha intimación será considerado falta grave dando lugar a la sanción disciplinaria pertinente, siendo posible hacer pública la negativa a participar en la capacitación en la página web del Instituto Nacional de las Mujeres", texto que luce —más allá de pretender imponer una ideología determinada, en forma obligatoria, a un importante colectivo de personas (agentes de los tres poderes del Estado), circunstancia en sí misma rechazable— un notorio déficit de técnica legislativa, especialmente un alto grado de indeterminación y ambigüedad en el proceso sancionatorio. Si bien casi todas las provincias argentinas (y CABA) adhirieron a esta Ley, no tenemos información acerca de si se están llevando a cabo estos cursos de capacitación y, en todo caso, si han servido para algo, porque la violencia de género en Argentina no ha parado de crecer (según un informe de *MuMaLa* —Mujeres de la Matria Latinoamericana— se cometieron durante el año 2022, 233 femicidios, Fuente: Página 12, de 04/01/2023; conforme a un registro realizado por el Observatorio de Violencia de Genero, "Ahora que sí nos ven", en los primeros meses de 2023 se registraron 74 femicidios, 66 femicidios íntimos de mujeres y 8 femicidios vinculados en Argentina. Por otra parte, se tomó en cuenta los intentos de femicidio desde el 1° de enero al 31 de marzo de 2023, y se obtuvo como resultado un total de 77 intentos de femicidio y 13 intentos de femicidio vinculado Fuente: inforegion.com.ar), número que prende las alertas en el sentido de que una Ley muy poco puede hacer si no está precedida de una política educativa que arraigue fuertemente en la sociedad.

violencia de género para todas las personas que se desempeñan en la función pública, en los poderes Ejecutivo, Legislativo y Judicial de la Nación.

10. Ley 27.590/2020 (Dec. reglamentario 407/22), —conocida como "Ley Mica Ortega"[74]—, que crea un Programa Nacional de Prevención y Concientización del Grooming o Ciberacoso contra Niñas, Niños y Adolescentes y dispone la inclusión, como pantalla de inicio en teléfonos celulares y tablets, información con los peligros de sobreexposición de menores de edad en las redes y acerca de delitos cibernéticos.

11. Ley 27.709/2023 (BO: 03/05/23) —conocida como "Ley Lucio"[75]—, que establece la creación de un Plan Federal de Capacitación de carácter continuo, permanente y obligatorio, sobre Derechos Niñas, Niños y Adolescentes, destinado a las personas que se desempeñan en áreas y dependencias de los poderes Ejecutivo, Legislativo y Judicial del Estado nacional.

---

74 Esta ley fue sancionada por el crimen de la niña Micaela Ortega, ocurrido en 2016, en manos de un joven de 26 años, Jonatan Luna, que la engañó con un perfil falso en Facebook, haciéndose pasar por una niña menor de edad.

75 La muerte del niño Lucio Dupuy dio origen a esta ley, asesinado de una manera cruel y perversa por su madre Magdalena Espósito y su pareja mujer Abigail Páez, en 2021, condenadas a prisión perpetua por un tribunal de Santa Rosa (La Pampa), en fecha 13/02/2023, actualmente confirmada la pena por el Tribunal de Impugnación Penal de la mencionada provincia (cita: La Nación, de 26/09/2023), esta norma forma parte de un sistema (que es una estrategia política mas que un sistema) —al que recurre en forma permanente la política en Argentina— de sancionar una ley con el nombre de una víctima de la violencia de género, del que surge claramente que esta clase de leyes —identificadas pomposamente con nombres de víctimas fatales— esconden más que nada una intención electoral orientada a la búsqueda de votos que un homenaje a las víctimas de la violencia de género.

12. Ley 27.736/2023, denominada "Ley Olimpia"[76] y sancionada el 10 de octubre de 2023, mediante la

---

[76] Esta ley debe su denominación a Olimpia Coral Melo, una activista mexicana que, cuando contaba 19 años, su ex pareja difundió por las redes sociales un video de contenido sexual sin su consentimiento, circunstancia que la impulsó a crear un movimiento de lucha contra la violencia digital contra las mujeres que, con el tiempo, se propagó por varios países de la región, con la finalidad de incorporar al Código penal como delito este tipo de conductas, pero que en Argentina, pese a la existencia de proyectos legislativos en tal dirección, hasta el momento no se ha concretado.

La ley establece: Artículo 1°.– Incorpórase como inciso h) del artículo 2° de la ley 26.485, el siguiente texto:

h) Los derechos y bienes digitales de las mujeres, así como su desenvolvimiento y permanencia en el espacio digital.

Artículo 2°.– Modifícase el inciso d) del artículo 3° de la ley 26.485, el cual queda redactado de la siguiente forma:

d) Que se respete su dignidad, reputación e identidad, incluso en los espacios digitales.

Artículo 3°.– Modifícase el artículo 4° de la ley 26.485, el cual queda redactado de la siguiente forma:

Artículo 4°.– Definición. Se entiende por violencia contra las mujeres toda conducta, por acción u omisión, basada en razones de género, que, de manera directa o indirecta, tanto en el ámbito público como en el privado, en el espacio analógico digital, basada en una relación desigual de poder, afecte su vida, libertad, dignidad, integridad física, psicológica, sexual, económica o patrimonial, participación política, como así también su seguridad personal. Quedan comprendidas las perpetradas desde el Estado o por sus agentes.

Se considera violencia indirecta, a los efectos de la presente ley, toda conducta, acción, omisión, disposición, criterio o práctica discriminatoria que ponga a la mujer en desventaja con respecto al varón.

Artículo 4°.– Incorpórase como inciso i) del artículo 6° de la ley 26.485, el siguiente texto:

i) Violencia digital o telemática: toda conducta, acción u omisión en contra de las mujeres basada en su género que sea cometida, instigada o agravada, en parte o en su totalidad, con la asistencia, utilización y/o apropiación de las tecnologías de la información y la comunicación, con el objeto de causar daños físicos, psicológicos, económicos, sexuales o morales tanto en el ámbito privado como en el público a ellas o su grupo familiar.

En especial conductas que atenten contra su integridad, dignidad, identidad, reputación, libertad, y contra el acceso, permanencia y desenvolvimiento en el espacio digital o que impliquen la obtención, reproducción y difusión, sin consentimiento de material digital real o editado, intimo o de desnudez, que se le atribuya a las mujeres, cual se incorpora al concepto de violencia contra la mujer que se prescribe en el artículo 4 de la Ley 26.485 sobre Protección Integral de las Mujeres, la violencia ejercida en los espacios digitales, introduciéndose, asimismo, un concepto de violencia digital o telemática en el inc.i) del artículo 6 de la Ley 26.485.

2. FEMICIDIO Y FIGURAS VECINAS (¿DELITOS DE ODIO?)[77]

En el marco de este entramado normativo, debemos añadir las distintas figuras introducidas al Código penal por la Ley 26.791 de 2012, relacionadas todas con las agravantes del homicidio, en los incs. 1, 4, 11 y 12, que tienen su importancia en el análisis de esta temática por algunas cuestiones que serán abordadas seguidamente.

Establece el Código penal:

Artículo 80.– Se impondrá reclusión perpetua o prisión perpetua, pudiendo aplicarse lo dispuesto en el artículo 52, al que matare:

---

o la reproducción en el espacio digital de discursos de odio misóginos y patrones estereotipados sexistas o situaciones de acoso, amenaza, extorsión, control o espionaje de la actividad virtual, accesos no autorizados a dispositivos electrónicos o cuentas en línea, robo y difusión no consentida de datos personales en la medida en que no sean conductas permitidas por la ley 25.326 y/o la que en el futuro la reemplace, o acciones que atenten contra la integridad sexual de las mujeres a través de las tecnologías de la información y la comunicación, o cualquier ciberataque que pueda surgir a futuro y que afecte los derechos protegidos en la presente ley.

77 Confr. in extenso, toda esta temática relacionada con este tipo de homicidios, en BUOMPADRE Jorge Eduardo, *Femicidio, violencia de género y derecho penal*, Editorial Alveroni, Córdoba, 2013; ibídem, *Los delitos de género en la reforma penal*, Editorial ConTexto, Resistencia (Chaco), 2012; BUOMPADRE Jorge Eduardo, *Delitos de odio. Un ataque a la igualdad, a la tolerancia y a la no discriminación*, Editorial ConTexto, Resistencia, Chaco, 2023; SOLER Sebastián, *Tratado de Derecho penal*, 6ta. ed., T. 1, actualizado por Jorge Eduardo BUOMPADRE, Editorial Astrea, Bs. As., 2022.

1°. A su ascendiente, descendiente, cónyuge, ex cónyuge, o a la persona con quien mantiene o ha mantenido una relación de pareja, mediare o no convivencia.

Esta reforma, como se puede apreciar, amplió el ámbito de aplicación del homicidio agravado por el vínculo —conocido históricamente como parricidio— toda vez que, a diferencia del texto modificado, que solo incluía al cónyuge (y otros parientes, como los ascendientes y descendientes), la versión actual comprende todos los vínculos de pareja, actuales o pasados, haya mediado o no convivencia, incluida la relación parental que estuvo prevista en el texto originario.

Tanto en su versión original como en la actual, la norma mantiene una terminología *neutra* en términos de género, lo que significa que los sujetos activo y pasivo pueden ser de cualquier género, sin que tal circunstancia tenga influencia alguna en el tipo o en la punibilidad.

4°. Por placer, codicia, odio racial, religioso, de género o a la orientación sexual, identidad de género o su expresión.

Esta modificación también implicó una ampliación del conjunto de crímenes incorporados por la reforma, poniendo el acento especialmente —tal vez de forma muy limitada— en los rasgos identitarios o particulares del sujeto pasivo (odio racial, religioso, de género, orientación sexual, identidad de género o su expresión) pero, aun así, lo peculiar de esta modalidad criminal es el resalto del fuero interno (la motivación) del autor, elemento del tipo subjetivo que lo caracteriza como un delito de odio, circunstancia que se advierte con la inclusión expresa de grupos especialmente victimizados por cuestiones de género y orientación sexual, como los colectivos de lesbianas, gays, bisexuales, transexuales, travestis, transgéneros, e intersexuales (LGBTI), lo cual no quiere significar, desde luego, que no abarque a otros grupos vulnerables, como los niños y los ancianos. Su formulación también es *neutra* en términos de género, pues los sujetos del delito pueden pertenecer a cualquiera de ellos, mujer o varón. Se trata de delitos dolosos, subjetivamente indiferenciados.

La neutralidad explícita en este artículo en lo concerniente a los sujetos del delito (activo y pasivo), da cuenta clara de que también el hombre puede ser víctima de violencia por parte de una mujer, circunstancia que convierte a la infracción en un delito de odio, en este caso, al género opuesto (masculino). ¿Qué diferencia puede haber entre el asesinato de una niña/o por parte de un pervertido acosador y el asesinato de un anciano/a incapaz perpetrado por su esposa/o, en términos de género?

Un caso emblemático en donde se discutió la violencia de género (al varón), de reciente data, es el del niño "Lucio Dupuy", asesinado brutalmente por su madre y su pareja mujer, ambas condenadas a prisión perpetua el 17 de febrero de 2023 por un tribunal de la ciudad de Santa Rosa (La Pampa), aunque en este caso, si bien el tribunal desarrolló alguna argumentación (basada específicamente en los testimonios de expertos), se decidió por el rechazo de la aplicación de la agravante del homicidio por razones de odio de género, fallo que originó un debate por el hecho de haberle dado muerte al niño dos mujeres en pareja (lesbianas), entre otras razones, por pertenecer al género masculino.

Es verdad que desde su construcción original el sujeto pasivo del delito —en todo lo concerniente a la violencia de género (que comprende, en este caso —pues no debe descartarse, desde luego el odio o la discriminación por razón de género), siempre ha sido un miembro del colectivo que se entiende minoritario (la mujer), no el hombre —no solamente en la legislación local sino también en los foros internacionales[78]—, de manera que muy excepcionalmen-

[78] ONU, CEDAW, Recomendación general No. 35 sobre la Violencia por razón de género contra la Mujer, de 26/07/2017, por la que se actualiza la recomendación general No. 19, en la que se expresa "El concepto de "violencia contra la mujer", tal como se define en la recomendación general núm. 19 y en otros instrumentos y docu-

te los jueces habrán de aplicar la perspectiva de género en el juzgamiento de un caso en el que la víctima es un varón y la autora de la agresión su pareja o ex pareja mujer, con

---

mentos internacionales, hace hincapié en el hecho de que dicha violencia está basada en el género. En consecuencia, en la presente recomendación, la expresión "violencia por razón de género contra la mujer" se utiliza como un término más preciso que pone de manifiesto las causas y los efectos relacionados con el género de la violencia. La expresión refuerza aún más la noción de la violencia como problema social más que individual, que exige respuestas integrales, más allá de aquellas relativas a sucesos concretos, autores y víctimas y supervivientes. El Comité considera que la violencia por razón de género contra la mujer es uno de los medios sociales, políticos y económicos fundamentales a través de los cuales se perpetúa la posición subordinada de la mujer con respecto al hombre y sus papeles estereotipados. En toda su labor, el Comité ha dejado claro que esa violencia constituye un grave obstáculo para el logro de la igualdad sustantiva entre mujeres y hombres y para el disfrute por parte de la mujer de sus derechos humanos y libertades fundamentales, consagrados en la Convención.

En la recomendación general núm. 28 (2010) relativa a las obligaciones básicas de los Estados partes de conformidad con el artículo 2 de la Convención se indica que las obligaciones de los Estados son respetar, proteger y hacer efectivos los derechos de la mujer a la no discriminación y al disfrute de la igualdad de jure y de facto. El alcance de esas obligaciones en relación con la violencia por razón de género contra la mujer ocurrida en determinados contextos se aborda en la recomendación general núm. 28 y en otras recomendaciones generales, como la recomendación general núm. 26 (2008) sobre las trabajadoras migratorias; la recomendación general núm. 27 (2010) sobre las mujeres de edad y la protección de sus derechos humanos; la recomendación general núm. 30 (2013) sobre las mujeres en la prevención de conflictos y en situaciones de conflicto y posteriores a conflictos; la recomendación general núm. 31 del Comité para la Eliminación de la Discriminación contra la Mujer y la observación general núm. 18 del Comité de los Derechos del Niño (2014) relativa a las prácticas nocivas, adoptadas de manera conjunta; la recomendación general núm. 32 (2014) sobre las dimensiones de género del estatuto de refugiada, el asilo, la nacionalidad y la apatridia de las mujeres; la recomendación general núm. 33 (2015) sobre el acceso de las mujeres a la justicia; la recomendación general núm. 34 (2016) sobre los derechos de las mujeres rurales. En esas recomendaciones figuran más detalles sobre los elementos pertinentes de las recomendaciones generales a las que hace referencia el presente informe".

lo cual no sólo se estaría incumpliendo con las exigencias y aplicación del propio tipo de injusto (homicidio por odio de género) figura para la que el legislador ha establecido la neutralidad entre los sujetos del delito, circunstancia que impediría que quede excluido del tipo penal un miembro del colectivo mayoritario (dominante), el sujeto pasivo varón, sino que —por privilegiar la situación de una parte en perjuicio de la otra (sea la mujer o el varón)— se estaría juzgando y decidiendo con arbitrariedad, lo cual implicaría una violación del derecho a la tutela judicial efectiva del que quedó con menos posibilidades (o ninguna) de salir airoso en el proceso (arts. 18 CN; 8 y 25 CADH).

También se ha considerado en estos casos de extensión de la agravante por odio de género al varón víctima de la violencia, a situaciones que se han dado en llamar casos de "discriminación por asociación", donde se advierte que un sujeto activo comete los hechos al vincular al sujeto pasivo con un colectivo protegido, por lo que la motivación discriminatoria se insertaría igualmente en el mayor injusto de la conducta, aunque el sujeto en sí mismo no se encuentre dentro de la categoría vulnerable, o dicho de otro modo, instrumentalizando a los sujetos para ejercer un mayor daño a las mujeres (o también en casos, entre otros, en los que estos ejercen posiciones de defensa de la mujer y son finalmente agredidos)[79].

La doctrina ha entendido —con indudable acierto— que este tipo de delitos se caracterizan por tener, como elemento constitutivo, un rasgo discriminatorio, esto es prejuicios discriminatorios que se realizan con el objetivo, manifiesto o implícito, de mantener un determinado modelo de relaciones sociales que asigna un comportamiento

---

79 Conf. LÓPEZ DE ZUBIRÍA DÍAZ Sandra, *La agravante de discriminación por género como respuesta a las limitaciones penales en la violencia de género*, Eunomía. Revista en Cultura de la Legalidad, No. 22, abril/septiembre 2022, pág. 176, disponible en https://doi.org/10.20318/eunomia.2022.6811.

subordinado, inferior, a los integrantes de los colectivos discriminados (Peralta, Pérez Manzano).

11°. A una mujer cuando el hecho sea perpetrado por un hombre y mediare violencia de género.

En este inciso, la Ley 26.791 incorporó el delito de femicidio como una circunstancia agravante del homicidio del art. 79 del Código penal. Este tipo se caracteriza por su formulación diferenciada en función del género del sujeto activo y del sujeto pasivo: se trata de un delito especial propio, que solo puede ser cometido por un varón contra una mujer. Además, incluye la violencia de género como elemento central y definitorio del delito, para comprender todos los homicidios de mujeres perpetrados por varones que reflejan la desigualdad de poder estructural existente entre ambos colectivos.

Esta figura ofrece la particularidad de que, sólo se puede calificar de femicidio, toda muerte de una mujer realizada en un contexto de género, de manera que la concurrencia de este elemento normativo —central en el tipo de injusto—, no solo es indispensable para perfeccionar la tipicidad, sino que también tiene un rol importante en la determinación del sujeto pasivo, como se verá más adelante, circunstancias que ponen de relieve que este elemento asume, asimismo, un papel prominente en el tipo de injusto, por un lado, porque se trata de un componente típico que debe ser probado en el proceso conforme las reglas formales y generales de la prueba y, por otro lado, conduce a sostener la idea, de que no todo homicidio de una mujer es femicidio[80]. El femicidio principia, progresa y finaliza

---

[80] La afirmación de que "no todo homicidio de una mujer es femicidio", tiene fundamento en que el precepto incorporado por la Ley 26.791 —como inc. 11 del art. 80 CP—, implica una agravante del homicidio simple del art. 79 y que la circunstancia que justifica la mayor penalidad no reside en la caracterización especial de los sujetos del delito (activo hombre/pasivo mujer), sino que el homicidio se perpetra en un contexto particular, el contexto de "violencia de género"; de aquí que, si no se prueba la concurrencia de este ele-

en el marco de una relación desigual de poder (art. 4, Ley 26.485/2009; art. 4, Decreto 1011/2010).

Algunos entienden que el femicidio es un delito de odio, por cuanto anida en el autor una voluntad motivacional que lo conduce a cometer el hecho criminal: el odio o desprecio a la víctima.

Frente a esta afirmación, se debe reconocer que es posible, ciertamente, que el odio —como sentimiento humano negativo que es—, pueda empujar a una persona a matar a otra, que es lo que sucede, como se vio, con el delito de homicidio previsto en el art. 80.4 CP.

Pero claro, no en todos estos casos especiales de homicidio se podría decir que estamos en presencia de un delito de odio, por ejemplo, no podríamos decir del delito de femicidio que es un delito de odio, aun cuando la muerte de una mujer en un contexto de violencia de género puede constituir un delito "*con odio*", esto es, un delito en el que el sujeto activo odia (desprecia, detesta, aborrece, etc.) a la víctima, pero nunca podría calificarse de un delito "*de odio*" en sentido estricto (aun cuando en el caso concreto pudiera anidar en la mente del agresor un sentimiento de odio identitario, pero no tendría ninguna incidencia en el tipo delictivo) porque el tipo no demanda la concurrencia de un odio discriminatorio, como sí se puede apreciar en la figura prevista en el inc. 4 del art. 80 CP, en el que el odio discriminatorio es un elemento constitutivo del tipo de injusto.

Es por todo esto que entendemos que la violencia de género —o la razón de género que cualifica el homicidio—, no debe interpretarse, y ser rellenada, acudiendo al fuero interno del sujeto, convirtiendo incorrectamente la infracción en un delito motivacional, que pase a depen-

---

mento normativo en el proceso respectivo, por más que el autor de la muerte sea un varón y la víctima una mujer, el hecho no pasará el umbral del homicidio del art. 79 o, en su caso, de otras de las circunstancias de agravación previstas en el art. 80.

der —como se tiene dicho en doctrina— de elementos subjetivos-valorativos o de motivos o emociones (como el menosprecio o el odio a la mujer), que no tienen cabida en el tipo penal, por cuanto puede causarse la muerte de una mujer por razones de género sin odio ni desprecio. Ni el femicidio ni ninguna otra manifestación del derecho penal de género, es un genuino delito de odio. Las razones de género pueden y deben ser concretadas con independencia del sentimiento o los sentimientos que tenga el autor en el momento decisivo de la acción[81].

3. EL SUJETO PASIVO EN EL DELITO DE FEMICIDIO

En la doctrina y la jurisprudencia se ha planteado una discusión en torno del sujeto pasivo (mujer) de este delito que, según nuestro ver, debe tener una respuesta razonable, en la que luzca la coherencia y no una interpretación meramente contextual que abra una peligrosa puerta (que ya ha sido abierta, ciertamente) a la mayor penalidad al homicidio de personas que han adaptado su género a los parámetros regulados en la Ley 26.743 de Identidad de Genero.

Dicho de otro modo, el debate reside en determinar quien puede ser sujeto pasivo del delito de femicidio, esto es, si sujeto pasivo sólo puede ser una mujer, femenina de nacimiento, o si también puede serlo una persona (masculino/varón, de nacimiento, convertido en femenino/mujer, por reasunción de su identidad de género[82]), cuestión

81 Conf. ALONSO ALAMO Mercedes, *El delito de feminicidio. Razones de género y técnica legislativa,* en Mujer y Derecho Penal, ¿necesidad de una reforma desde una perspectiva de género?, JB Bosch Editor, págs. 117 y sig., Barcelona, 2019.

82 Recordemos que la Ley 26.743 de Identidad de Género, establece en su artículo 1° que "Toda persona tiene derecho: a) Al reconocimiento de su identidad de género; b) Al desarrollo de su persona conforme a su identidad de género; c) A ser tratada de acuerdo con su

que, en el ámbito de la jurisprudencia, ha sido resuelta afirmativamente en la causa "Sacayán", por el Tribunal Oral en lo Criminal y Correccional No. 4, de la Capital Federal, de 6 de julio de 2018[83].

Nosotros, por el contrario, hemos entendido en su momento[84] —y lo seguimos haciendo— que un hombre autopercibido femenino en los términos de la Ley 26.743 de Identidad de Género, esto es, un varón de sexo masculino por nacimiento (criterio biológico), que se autopercibe femenino/mujer (criterio normativo), no puede ser sujeto pasivo del delito de femicidio, por las siguientes razones: en primer lugar, porque no se trata de una figura que haya sido tipificada en términos de neutralidad en lo referente a los sujetos del delito; el tipo de injusto es claramente diferenciado, especialmente cualificado en cuanto a los sujetos (sujeto activo hombre, sujeto pasivo mujer); en segundo lugar, del texto legal no surge en modo alguno que el sustantivo femenino "mujer", deba ser interpretado con

---

identidad de género y, en particular, a ser identificada de ese modo en los instrumentos que acreditan su identidad respecto de el/los nombre/s de pila, imagen y sexo con los que allí es registrada". A su vez, el artículo 2° define a la identidad de género como la vivencia interna e individual del género tal como cada persona la siente, la cual puede corresponder o no con el sexo asignado al momento del nacimiento, incluyendo la vivencia personal del cuerpo. Esto puede involucrar la modificación de la apariencia o la función corporal a través de medios farmacológicos, quirúrgicos o de otra índole, siempre que ello sea libremente escogido. También incluye otras expresiones de género, el modo de hablar y los modales".

83 Puede confr. este caso en el dossier *Travesticidio de Amancay Diana Sacayán*, en Unidad Fiscal Especializada de Violencia contra las Mujeres (UFEM), disponible en mpf.gob.ar. Igualmente, puede verse FIGARI Rubén E., *Femicidio, travesticidio y odio de la identidad de género (art. 80 incs. 4 y 11 del Código penal*, en Delitos de género y violencia sexual, Tomo I, pág. 39 y sig., Editorial Advocatus, Córdoba, 2022; del mismo, *Código penal, parte especial*, Tomo 1, págs. 138 y sig., Thomson Reuters La Ley, Buenos Aires, 2021.

84 Confr. BUOMPADRE Jorge Eduardo, *Violencia de género, femicidio y derecho penal*, págs. 161 y sig., Alveroni Ediciones, Córdoba, 2013. Ibidem, *Derecho penal*, parte especial, 2da. Edición, Editorial ConTexto, Resistencia (Chaco), 2020.

un sentido y un alcance tan amplio, que abarque también al varón (reasumido mujer formalmente), por cuanto —como ya anticipamos en aquella oportunidad—, no sólo no se estaría respetando el principio de legalidad que exige, entre otros principios, el de máxima interpretación (judicial), que impone una interpretación restrictiva de los tipos penales, sino que, si el legislador hubiera querido sancionar un tipo penal con dicho alcance —introduciendo un sujeto pasivo indiferenciado (mujer/hombre autopercibido femenino) lo hubiera establecido en la propia norma, como ha sucedido con otras figuras, por ejemplo, con la prevista en el inciso 1° del art.80, comprensiva del "ex cónyuge o a la persona con quien mantiene o ha mantenido un relación de pareja", situaciones que no estaban comprendidas en la redacción original de este artículo; a lo que habría que sumar el conocimiento que el legislador tenía del proyecto del Senado, el cual preveía específicamente el caso del homicidio del hombre autopercibido femenino, en los términos de la Ley 26.743, como figura autónoma en un artículo separado del femicidio propiamente dicho (art. 80 bis), proyecto que, como es sabido, no prosperó en Diputados y, finalmente, se aprobó el texto original que no contemplaba —como se puede percibir a simple vista, literalmente— el caso propuesto por el Senado. En tercer lugar, refuerza aun más nuestra tesis el hecho de que la Ley 26.743, de Identidad de Género, de 23 de mayo de 2012, es anterior a la Ley 26.791, de incorporación del delito de femicidio al Código penal, promulgada de 11 de diciembre de 2012, lo cual significa que el propio legislador que introdujo las agravantes del homicidio fue el mismo que sancionó la ley de identidad de género, de manera que no podía haber ignorado su existencia y olvidar que esta normativa estaba en vigencia, omitiendo respetar, al mismo tiempo, no sólo los principios de la propia normativa sancionada por ellos, sino de incluir en el artículo 80 el homicidio de una persona autopercibida femenina como circunstancia agravante, ya sea en forma autónoma (como ocurrió con el proyecto del Senado) o dentro del propio precepto del inciso 11 del art. 80, algo que no hizo ni tuvo la intención de hacer[85]. Por lo tanto —teniendo en cuenta que no se puede sostener que el legislador no hace las cosas bien, aunque así parezca y, por lo general, no las hace—, no se puede hacer decir a la ley lo que la ley no dice, ni interpretarla con un alcance que no tiene, si no se quiere violar el principio de legalidad, en su estándar garantista de prohibición de la analogía en perjuicio del acusado.

En suma, es un error aplicar la agravante del inciso 11 del artículo 80, al homicidio de un hombre autorpercibido femenino, en cuanto el autor del homicidio fuera un hombre. En el delito de femicidio, sujeto pasivo sólo puede ser

---

85 Evidentemente —pese a que no se cuenta con muchos antecedentes que provengan de la discusión parlamentaria—, pudo haber sido la voluntad del legislador comprender como sujeto pasivo del delito no sólo a la mujer, femenina de nacimiento, sino también al hombre autopercibido mujer, pero hay que convenir que se sancionó otra cosa distinta, en un texto que no expresó, no sólo esa voluntad legislativa, si es que ella realmente existió en algún legislador, sino que tampoco se respetó la propia Ley de Identidad de Género sancionada por ellos mismos con anterioridad a la reforma. Por lo tanto, hay que estar, no a lo que pensó hacer el legislador sino a lo que efectivamente hizo. Sostener que el varón autopercibido mujer puede ser sujeto pasivo del delito implica, claramente, una violación del principio de legalidad. Recordemos que —como expresó la CSJN en "Giardelli Martín c. Estado Nacional-Secretaría de Inteligencia"—, "...la primera regla de interpretación de las leyes es dar pleno efecto a la intención del legislador y la primera fuente para determinar esa voluntad es la letra de la ley..." (S. 08/08/2022, disponible en saij.gob.ar). En "Boggiano Antonio c. Estado Nacional", dijo: "La primera regla de interpretación de un texto legal es la de asignar pleno efecto a la voluntad del legislador, cuya fuente inicial es la letra de la ley y, en tanto la inconsecuencia del legislador no se supone, la interpretación debe evitar asignar a la ley un sentido que ponga en pugna sus disposiciones, destruyendo las unas por las otras y adoptando como verdadero el criterio que las concilie y suponga la integral armonización de sus preceptos" (CSJN, S. 16/03/2016, disponible en saij.gob.ar). A su vez, en "Bernardes Jorge c. ENA" expresó que "Es doctrina de la Corte que la inconsecuencia o falta de previsión del legislador no se suponen, por lo cual las leyes deben interpretarse conforme el sentido propio de las palabras, computando que los términos utilizados no son superfluos, sino que han sido empleados con algún propósito, sea de ampliar, limitar o corregir los preceptos" (CSJN, S.03/03/2020, disponible en saij.gob.ar).

una mujer en sentido biológico, porque ese es el sentido que el legislador ha tenido en cuenta para construir el tipo de injusto. De lo contrario y pese a que podría discutirse la interpretación extensiva de la norma jurídico penal (porque dicha interpretación, al parecer, no ultrapasaría el umbral del literal de la misma), se estaría violando la garantía que prohíbe la aplicación analógica de un tipo penal *in malam partem*, porque el caso en cuestión (el hombre autopercibido femenino), por un lado, por más similar que sea el caso con el sujeto pasivo mujer (sujeto pasivo femenino de nacimiento), no está comprendido en el texto legal y, por otro lado, se trataría de una hipótesis extensiva de la punibilidad en perjuicio del acusado.

Arocena introduce otro argumento que refuerza la tesis negativa que sostenemos: apelando al elemento "violencia de género" que luce el texto legal (inc. 11, art. 80), recuerda el profesor de Córdoba que este concepto "importa una exteriorización de las relaciones de poder históricamente desiguales entre el varón y la mujer, que han llevado a la dominación y la discriminación de esta por parte del hombre", destacando que "este elemento conduce a concebir al sujeto pasivo del delito de femicidio como exclusivamente compatible con el individuo nacido como mujer, pues solo ella puede ser destinataria de la violencia machista que hemos descripto", rematando con la siguiente conclusión: "el que matare a una mujer que lo es en virtud de haber realizado la rectificación de su sexo a través del protocolo de la ley de identidad de género, no podrá ser reprimido en los estrictos términos de la figura del femicidio, sin perjuicio de que, por cierto, haya de ser reprochado por su inspiración en el odio de género, a la orientación sexual, a la identidad de género o su expresión (art. 80, inc. 4, CP)"[86].

---

[86] Conf. AROCENA Gustavo A., *Femicidio y otros delitos de género*, Editorial Hammurabi, págs. 78 y sig., Buenos Aires, 2017. Respecto de la aplicación subsidiaria que el profesor cordobés propone como probable, esto es, la figura del inc.4 del art.80, hay que recordar que, en este tipo de homicidio, el odio debe ser discriminatorio, como ya explicáramos anteriormente, no una mera expresión del

En la doctrina comparada se ha entendido en un sentido restringido la legislación argentina, calificándose a los tipos de homicidio introducidos por la Ley 26.791 —con la

---

ánimo del autor, por cuanto, no toda manifestación de odio conduce a la agravante en examen. En igual sentido, AROCENA Gustavo A. y CESANO José D., *El delito de femicidio. Aspectos poítico-criminales y análisis dogmático jurídico,* págs. 94 y sig., IBdeF, Montevideo-Buenos Aires, 2013, sin perjuicio que estos autores no hacen, en este caso, un desarrollo de la cuestión, son categóricos al afirmar que es un ilícito con sujetos activo y pasivo calificados, por cuanto sólo puede cometer el delito de femicidio un hombre y que únicamente puede ser perpetrado en perjuicio de una mujer.

En coincidencia también con nuestra tesis, LAJE ROS Cristóbal, quien dice que "el sujeto activo no debe ser una mujer y el sujeto pasivo no debe ser un varón" (conf. *Violencia de género y otras calificantes del homicidio según la Ley 26.791,* Editorial Lerner, Córdoba, 2020). En un mismo sentido, DONNA Edgardo Alberto, en *Derecho penal, parte especial,* Tomo V (actualización desde 1999 hasta el 31 de marzo de 2022), pág. 39, Editorial Rubinzal-Culzoni, Buenos Aires-Santa Fe, 2022, quien afirma que "el legislador vuelve sobre sus vacilantes pasos y se aferra al concepto biológico antes explicado. El autor sólo puede ser un hombre. Pero mediando violencia de género. Esto es, al volver al concepto biológico-naturalista sólo puede ser autor quien lo es y no quien se sienta como tal de acuerdo a lo explicado ut supra. entonces, si una mujer —que se siente hombre— mata a otra mujer no se aplica la agravante... el sujeto pasivo debe ser una mujer... lo que se busca en el tipo penal es proteger a la mujer como tal, luego a ella debería restringirse el tipo penal y dejar la idea sartriana que está detrás de la ley y que no se plasmó en el texto". TERRAGNI, por su lado, al afirmar que "los sujetos activo y pasivo están señalados por la norma", sin otra explicación, parece decantarse por la postura restrictiva que sostenemos (TERRAGNI Marco Antonio, *Manual de derecho penal, parte general y especial,* pág. 449, Thomson Reuters La Ley, Buenos Aires, 2014). De otra opinión, RODRIGUEZ Agustina, *La aplicación preponderante del femicidio como tipo penal no neutral en términos de género. ¿Porqué debe aplicarse el inciso 11 del artículo 80 del Código penal argentino?,* Ed. Rubinzal-Culzoni, Buenos Aires-Santa Fe, 2021, págs. 137 y sig., quien dice que "en lo que respecta al alcance del concepto "mujer", la legislación argentina se aparta de posturas biologicistas y lo define en función de la autopercepción de la persona acerca de su género, es decir, de acuerdo a la "vivencia interna e individual del género tal como cada persona la siente" y sin necesidad de registración alguna (Ley 26.743 de Identidad de Género)". Pero, como vimos, esta opinión se aparta claramente del texto legal y de sus antecedentes parlamentarios.

salvedad del precepto del inciso 11 del artículo 80— como figuras en las que el sexo de los sujetos activo y pasivo es indiferente, pudiéndose verse involucrados como víctimas o como victimarios, de manera que si el homicidio sucede en el marco de un contexto de género y la víctima es un hombre, el hecho queda enmarcado, según las circunstancias, en los incisos 1, 4 o 12 del artículo 80, pero si la víctima es una mujer y el autor un hombre, el delito se traslada a la figura prevista en el inciso 11 del mismo artículo[87].

Es claro que esta opinión doctrinaria depende, en gran medida, de la legislación de que se trate, por cuanto en América Latina existen diversos ordenamientos en los que el sujeto activo es indiferenciado, por caso Bolivia[88], Co-

---

87 Conf. GUERRERO TORRES Alejandro, *Violencia de género en Colombia: desarrollo del delito de feminicidio en la legislación nacional y en derecho comparado*, en Mujer y Derecho Penal, ¿Necesidad de una reforma desde una perspectiva de género?, pág. 571, JB Bosch Editor, Barcelona, 2019. En Colombia, el delito fue introducido al Código penal por la Ley 1761 de 6 de julio de 2015. Lo característico de esta legislación es que no hace ninguna distinción en lo referente al sujeto activo, de manera que puede serlo tanto una mujer como un hombre (mujer/mujer – hombre/mujer), aunque el sujeto pasivo siempre es cualificado, debe tratarse de una mujer, cuya muerte debe producirse en el marco de las condiciones y circunstancias particulares previstas en el precepto.

88 Ley 348, de 9 de marzo de 2013. Art. 252 bis (FEMINICIDIO). Se sancionará con la pena de presidio de treinta (30) años sin derecho a indulto, a quien mate a una mujer, en cualquiera de las siguientes circunstancias:

1. El autor sea o haya sido cónyuge o conviviente de la víctima, esté o haya estado ligada a esta por una análoga relación de afectividad o intimidad, aun sin convivencia;2. Por haberse negado la victima a establecer con el autor, una relación de pareja, enamoramiento, afectividad o intimidad;
3. Por estar la víctima en situación de embarazo;
4. La víctima que se encuentre en una situación o relación de subordinación o dependencia respecto del autor, o tenga con éste una relación de amistad, laboral o de compañerismo;
5. La víctima se encuentre en una situación de vulnerabilidad;
6. Cuando con anterioridad al hecho de la muerte, la mujer haya sido víctima de violencia física, psicológica, sexual o económica, cometida por el mismo agresor;

lombia[89], Costa Rica[90], Ecuador[91], Brasil[92], etc., mientras que en todos los ordenamientos que han incorporado el delito el sujeto pasivo es la mujer, en algunos casos, en forma expresa en el tipo penal respectivo, como en los países antes citados y, en otros casos, por inferencia del propio tipo delictivo, por ejemplo Perú, durante la vigencia de la Ley 29819 de 2011, aunque en la actualidad este país se ha incardinado entre aquellos que sostienen a la mujer como único sujeto pasivo del delito[93].

---

7. Cuando el hecho haya sido precedido por un delito contra la libertad individual o la libertad sexual;
8. Cuando la muerte sea conexa al delito de trata o tráfico de personas;
9. Cuando la muerte sea resultado de ritos, desafíos grupales o prácticas culturales.

89 Ley 1761, de 6 de julio de 2015 (denominada "Ley Rosa Elvira Cely", en homenaje a esta mujer, asesinada en el año 2012), castigándose en el art.104ª, con pena de prisión de 250 a 500 meses, a "quien causare la muerte de una mujer, por su condición de ser mujer o por motivos de identidad de género o en donde haya ocurrido o antecedido cualquiera de las siguientes circunstancias...". En el art. 104B se tipifican agravantes específicas, con pena de prisión de 500 a 600 meses.

90 Ley 8589, de 30 de mayo de 2007. Artículo 21. Femicidio. Se le impondrá pena de prisión de veinte a treinta y cinco años a quien dé muerte a una mujer con la que mantenga una relación de matrimonio, en unión de hecho declarada o no.

91 Código Orgánico Integral Penal, de 10 de febrero de 2014. Art. 141: La persona que, como resultado de relaciones de poder manifestadas en cualquier tipo de violencia, de muerte a una mujer por el hecho de serlo o por su condición de género, será sancionada con pena privativa de la libertad de veintidós a veintiséis años.

92 Ley 13.104, de 9 de marzo de 2015. Art. 121 Código penal: Feminicidio. VI. Contra la mujer por razón de su condición de sexo femenino. 2-A. Se considera que hay razones de condiciones de sexo femenino, cuando el crimen comprende: 1. Violencia doméstica y familiar. 2. Menosprecio o discriminación a la condición de mujer.

93 Ley 29819, de 27 de diciembre de 2011. Artículo 107. Parricidio/Feminicidio. El que, a sabiendas, mata a su ascendiente, descendiente, natural o adoptivo, o a quién es o ha sido su cónyuge, su conviviente, o con quién esté sosteniendo o haya sostenido una relación análoga será reprimido con pena privativa de libertad no menor de quince años. La pena privativa de libertad será no menor de veinticinco

Finalmente, sumamos otro argumento: la concepción del delito de femicidio como la muerte de una mujer "por su condición de tal" (por el hecho de ser mujer), —particularidad subjetiva que condiciona la tipicidad, patentizada por el elemento "misoginia" (que es un componente implícito del concepto)—, conduce a sostener la idea, por un lado, de que no todo homicidio de una mujer es un femicidio, sino solo aquel homicidio misógino cometido por un hombre, en un contexto de género y, por otro lado, de que tal condicionamiento subjetivo de la figura implica un descarte de la tesis ampliada vinculada al sujeto pasivo, esto es, dicho de otro modo, que si el femicidio es un homicidio de una mujer "por el hecho de serlo", surge evidente que la muerte está condicionada a que la victima sea una mujer en sentido biológico (femenina por nacimiento), no en sentido normativo, como sería la muerte de un hombre autopercibido femenino según los protocolos de la Ley de Identidad de Género. El femicidio es, en todos los casos, un homicidio misógino, condicionado, objetivamente, a que la mujer víctima del delito sea una mujer y el autor un hombre y, subjetivamente, a dar muerte a la mujer por su condición de tal, en un marco ambiental específico, que es el contexto de género.

A lo expuesto, también habría que añadir que la tesis opuesta a la opinión que sostenemos en el texto, en el

---

años, cuando concurran cualquiera de las circunstancias agravantes previstas en los numerales 1, 2, 3 y 4 del artículo 108. *Si la víctima del delito descrito es o ha sido la cónyuge o la conviviente del autor, o estuvo ligada a él por una relación análoga el delito tendrá el nombre de femicidio*". En la actualidad, por imperio de la reforma de la Ley 30068 de 18 de julio de 2013, el delito de feminicidio se encuentra tipificado en el artículo 108-B, con la siguiente redacción: "Será reprimido con pena privativa de libertad no menor de veinte años el que mata a una mujer por su condición de tal, en cualquiera de los siguientes contextos: 1. Violencia familiar. 2. Coacción, hostigamiento o acoso sexual. 3. Abuso de poder, confianza o de cualquier otra posición o relación que le confiera autoridad al agente. 4. Cualquier forma de discriminación contra la mujer, independientemente de que exista o haya existido una relación conyugal o de convivencia con el agente".

sentido que entiende que la agravante alcanza al sujeto pasivo hombre autopercibido femenino —siempre que el autor sea un varón—, se muestra no sólo insatisfactoria e incorrecta, sino altamente peligrosa, no solamente porque también se debería aplicar tal criterio extensivo al sujeto activo hombre (caso de la mujer que se autopercibe varón, porque adoptó la identidad de género masculina), sino que puede conducir a una diferente cualificación, menos gravosa, con la sola artimaña que podría ser utilizada por el autor del homicidio (hombre, en sentido biológico), para evitar la mayor penalidad, atribuyéndose una cualificación e identidad femenina, esto es, simulando astutamente ser o sentirse mujer, circunstancia que le evitaría ser acusado de femicidio, porque para la ley 26.743 de Identidad de Género es mujer (sentido normativo), y una mujer no puede ser sujeto activo de este delito.

Es claro que esta simulación de conversión de hombre en mujer para escapar a la mayor penalidad, en todo caso —para que pudiera tener en el proceso una cierta dosis de éxito en beneficio del acusado—, debería ser realizada antes de la comisión del homicidio (seguramente mientras de planifica su ejecución) y no después, de manera que al momento de la comisión del homicidio, su autor haya dejado de ser un hombre, que es el requisito de autoría que demanda el inciso 11 del artículo 80.

Repárese en que no se trata de casos de laboratorio, pues ya se conocen varios episodios de hombres condenados por la justicia, posteriormente autopercibidos mujeres, pidiendo ser alojados en cárceles para mujeres. De hecho, hace poco tiempo atrás, el autor del homicidio de Micaela Ortega, Jhonatan Luna —condenado a prisión perpetua— declaró ante la justicia un cambio de género alegando que se autopercibe mujer (con el nombre de Yoana) y pidió ser alojado en una cárcel de mujeres (fuente: Página 12, de 10/05/2023). A su vez, recientemente se publicó una noticia respecto de un caso de femicidio en el que, la defensa del acusado, planteó en el juicio la tesis de que su defendido se autopercibe mujer —haciéndose llamar Amanda— y, por lo tanto, no debería ser juzgado bajo la calificación de ese tal homicidio agravado porque no se está en presencia de un hombre (fuente: Infobae, de 27/06/2023)[94], casos que revelan las peligrosas y absurdas consecuencias a que conduce la opinión de que la figura prevista en el artículo 80.11 del Código penal comprende como sujeto pasivo del delito al hombre autopercibido mujer, que impacta claramente con esa otra que entiende que también debería comprender, como sujeto activo, a la mujer que se autopercibe hombre (o, al revés, como el caso Amanda, de un hombre que se autopercibe mujer), situaciones todas que no son más que interpretaciones impropias, y oportunistas, de la Ley 26.743 de Identidad de Género.

En suma —como antes se dijo— el femicidio es un delito con sujetos cualificados, por lo que es un error aplicar la agravante del inciso 11 del artículo 80, al homicidio de un hombre autorpercibido femenino, cuando el autor del homicidio haya sido un hombre, masculino por nacimiento, en un contexto de género.

12°. Con el propósito de causar sufrimiento a una persona con la que se mantiene o ha mantenido una relación en los términos del inciso 1°.

Por último, este inciso tipifica el llamado "femicidio transversal o vinculado". Su inclusión pretendió abarcar la muerte perpetrada para castigar o destruir psíquicamente a una persona sobre la cual el sujeto activo ejerce la dominación. Sin embargo, su formulación es también *neutra* en términos de género, por lo que el tipo de injusto podría ser aplicado tanto a varones como a mujeres que realicen la conducta descripta en el precepto legal. No interesan al tipo de injusto las relaciones que podrían vincular a la persona a quien se pretende hacer sufrir, con la víctima del homicidio.

---

94 Véase SCHURJIN ALMENAR Daniel, *¿Fraude a la Ley de Identidad de Género?*, Erreius, de 30/06/2023, Buenos Aires.

Esta "abrumadora e inagotable normativización" vinculada a la violencia de género que acabamos de ver —y de otras tantas que se han sancionado en las jurisdiciones locales y municipales, pero que no se han mencionado—, da cuenta de una difícil situación que pareciera que está evidentemente fuera de control, dando toda la impresión que las reformas legales que se han ensayado y las políticas públicas que se han implementado para erradicar la violencia de género, han fracasado, sin perjuicio —desde luego— de los cambios que se han producido en los últimos años sobre la dimensión de esta problemática, y que han significado, ciertamente, un pequeño avance, importante pero no satisfactorio ni definitivo.

Ciertamente, que los cambios —como antes se dijo— han sido importantes. Sirva de ejemplo la histórica figura del uxoricidio, que consistía en la muerte de la pareja por alguna causa emocional o pasional (por ej. los celos, encontrar a la mujer en flagrante adulterio, etc.), que en nuestros antecedentes configuraba lo que se conocía como el "justo dolor del cónyuge" (que era una circunstancia eximente de la pena en el Proyecto Tejedor, proveniente del antiguo derecho español), pero que entre nosotros tenía una pena atenuada respecto de otros homicidios que estaban conminados con una pena elevada, por ej. el delito de parricidio.

En la actualidad, en cambio, estas circunstancias emocionales (por ej. el odio, el amor apasionado o los motivos discriminatorios) se han convertido en la razón agravatoria de la conducta homicida, del hombre que mata a su mujer o a su ex pareja. Tanto esto es así que, en muchos casos, se ha considerado a este tipo de muertes como "delitos de odio" hacia la mujer, algo así como una conducta misógina que justificaría, por sí sola, el incremento de la pena. Dicho de otro modo, el incremento de la pena se justificaría por el odio hacia las mujeres en general, circunstancia que daría fundamento en calificar a estos delitos empujados por estos motivos, como "delitos de odio".

Sin embargo, es harto discutible —como ya se explicarra— que las clases de homicidios incorporados por la Ley 26.791 configuren delitos de odio en sentido estricto, esto es, figuras que se carateterizan por un sentimiento de odio hacia un colectivo especial de personas, que son las mujeres o que se encuentran en una situación de vulnerabilidad, como los niños y niñas. Seguramente, como vimos, la figura prevista en el inc. 4 del art. 80 está más cerca de reunir esta caracterización, pero es bastante dudoso —diríamos casi imposible— que también posean esta caracterización las demás figuras incorporadas por la Ley 26.791, por más que el hombre odie a la mujer que mata.

Ello así, porque y más allá de la posible concurrencia —en el marco de un contexto general— de un sentimiento de odio que matizaría a la violencia del hombre sobre la pareja o ex pareja, o a la violencia ejercida por el solo hecho de ser mujer (motivos de odio que podrían concurrir en el caso concreto, ciertamente), entre nosotros el concepto de violencia de género es un concepto *normativo-estructural, constitutivo de un elemento que se caracteriza por una posición de dominación o de mantenimiento de una situación de subordinación* de una persona hacia otra (el hombre hacia la mujer o viceversa), que no se advierte con tanta claridad en las distintas modalidades que se describen en el inc. 4 del art. 80, por más que el ejercicio de la violencia sea el componente central del tipo de injusto.

En nuestro derecho —y en ningún otro que respete los principios de un derecho penal de mínimas—, el odio en sí mismo, sin consecuencias mediatas o inmediatas (por ej. la incitación al odio con la finalidad de que otro use la violencia discriminatoria) podría ser considerado un delito. Nadie puede prohibir a un ciudadano que odie o que deprecie a los demás. El odio, entendido como una expresión del fuero interno del sujeto, está a extramuros del Derecho penal (*cogitationes poenam nemo patitur*).

El odio —u otras pasiones o emociones— no integra el tipo de femicidio, esto es, no tiene la función de agravar la pena (no es el elemento fundante de la mayor penalidad), por cuanto lo que sí califica estas muertes —en palabras de Pérez Manzano— no son las pasiones (ni el amor ni el odio) sino el carácter instrumental de la violencia que se ejerce, para mantener unas relaciones desiguales que sitúan a la mujer en una posición de subordinación[95].

4. VIOLENCIA DE GÉNERO. CARACTERIZACIÓN

El concepto de violencia de género es un elemento normativo que integra el tipo de injusto del inc. 11 del art. 80 CP, que deriva del texto del art. 4 de la Ley 26.485 y su reglamentación, que establece:

"Se entiende por *violencia contra las mujeres* toda conducta, acción u omisión que, de manera directa o indirecta, tanto en el ámbito público como en el privado, basada en una relación desigual de poder, afecte su vida, libertad, dignidad, integridad física, psicológica, sexual, económica o patrimonial, como así también su seguridad personal. Quedan comprendidas las perpetradas desde el Estado o por sus agentes. Se considera violencia indirecta, a los efectos de la presente ley, toda conducta, acción omisión, disposición, criterio o práctica discriminatoria que ponga a la mujer en desventaja con respecto al varón".

A su vez, el Decreto reglamentario 1011/2010, dispone:

Art. 4°. "Se entiende por *relación desigual de poder*, la que se configura por prácticas socioculturales históricas basadas en la idea de la inferioridad de las mujeres o la superioridad de los varones, o en conductas estereotipadas de

---

95 Conf. PÉREZ MANZANO Mercedes, *La caracterización del feminicidio de la pareja o ex pareja y los delitos de odio discriminatorio*, Derecho PUCP, No.81, 2018, Pontificia Universidad Católica del Perú, disponible en redalyc.org; también en revista pensamientopenal de 13 de mayo de 2021.

hombres y mujeres, que limitan total o parcialmente el reconocimiento o goce de los derechos de éstas, en cualquier ámbito en que desarrollen sus relaciones interpersonales" (los destacados nos pertenecen).

Dicho con otros términos, la violencia del hombre hacia la mujer (pareja o ex pareja) no se asienta en un sentimiento de odio hacia el colectivo de mujeres, ni a una mujer en particular (por el hecho de ser mujer, en sentido biológico, aunque este sentimiento sea de frecuente aparición), sino en el rol de lo femenino en la sociedad o en la relación individual. El sujeto no pretende erradicar a la mujer sino al rol igualitario que desempeña la mujer en la relación individual o en su comportamiento en la sociedad.

Si mata a la mujer por otras razones, por ej. porque grita todo el tiempo, porque es muy molesta y criticona, porque ha hecho un uso excesivo de la tarjeta de crédito o por infidelidad —incluso por odio hacia ella—, esa muerte no tendrá su orígen en la violencia de género, sino que configurará un homicidio común agravado por el parentesco o por algunas de las circunstancias previstas en el inc. 1 del art. 80 o en otras de las circunstancias agravatorias previstas, pero no se tratará de un femicidio.

De aquí la necesaria referencia normativa que define el Decreto reglamentario de la Ley 26.485, para la integración del concepto "violencia de género": la *relación desigual de poder*. Dicho con otros términos, si no existe una relación desigual de poder entre los contendientes, entonces no podemos hablar, ni de violencia de género ni de juzgar el caso con "perspectiva de género", por mas que la víctima sea una mujer. Pensemos, por ejemplo, en la muerte de una mujer como consecuencia del accionar de un conductor que atropella con su automóvil a un grupo de personas en un determinado lugar o impactando contra un centro comercial o un mercado popular, o el esposo que descubre a su esposa en una relación sexual con otro hombre, y la mata, o mata a ambos —hechos que han ocurrido, ciertamente, en la realidad—, no podrían ser calificados de hechos perpetrados con violencia de género, pese a que el resultado de la tragedia fue la muerte una mujer.

Esta es la razón de porqué la violencia de género (o contra la mujer) no reune las características de un delito de odio en sentido esctricto, vale decir, en el sentido de un odio indiscriminado hacia el colectivo de mujeres, a las mujeres en general, sino —como se dijo— a la mujer por su rol de mujer en la sociedad, menoscabando sus derechos hacia una igualdad con el hombre. El odio puede ser la causa fundante de una conducta violenta, pero no necesariamente será femicidio por la concurrencia de un sentimiento de odio hacia la mujer asesinada.

Se podría decir con otras palabras que el agente no ataca a la mujer en sentido biológico (a su mujer por ser "su" mujer físicamente) sino a su mujer en sentido socio-cultural, bajo la idea de que "su mujer no es su igual", ni lo será nunca. El "componente misógino" —que para nosotros es esencial en el concepto de violencia de género—, debe se entendido con estas advertencias.

Además, el homicidio de la pareja o de la ex pareja no podría configurar un delito de odio en sentido estricto (aun cuando la voluntad homicida esté preñada de odio), por cuanto esta modalidad está dirigida a la protección de ciertos colectivos de personas (grupos minoritarios) que son objeto de discriminación por factores de distinto signo (raciales, religiosos, ideológicos, político, sexuales, etc.), y carecen del carácter estructural que caracteriza a la violencia de género.

En esta dirección, se tiene dicho en la doctrina que:

"Desde la perspectiva fenomenológica, el rasgo esencial con el que se caracteriza los denominados «delitos de odio» reside en que el hecho se realiza debido al odio a la categoría (afroamericanos, judíos, homosexuales). Por ello, la víctima concreta sobre la que recae el delito es aleatoria y fungible. Se trata de que la selección de la víctima de la violencia en los delitos de odio por parte de su autor se hace con abstracción de las singularidades de la misma y por la única razón de reunir el rasgo de la condición de pertenencia al colectivo al que genéricamente se odia. De modo que, por esta misma razón, por el carácter fungible de la víctima de los delitos de odio, estos tienen siempre *una dimensión colectiva* que va más allá del acto singular. Esta dimensión puede identificarse en que todo hecho individual de delito de odio supone una amenaza implícita a cualquier persona que forma parte del colectivo. Se trata tanto de que cualquier persona que forma parte del colectivo odiado siente dicha amenaza implícita y sabe que puede ser la siguiente víctima, dado que reúne las características que identifican al colectivo, como de que el hecho es reflejo y materialización de una pauta de comportamiento amenazante hacia el colectivo desarrollada en el pasado y que contribuye a dotar de sentido presente y futuro. En la violencia ejercida por el hombre sobre la pareja o expareja mujer este rasgo está ausente: para cada autor no es indiferente la víctima de la violencia —no es fungible— (Pérez Manzano, 2016), porque a quien específicamente se quiere someter mediante la violencia no es a «la mujer», sino a la pareja o expareja propia. En realidad, esta clase de autor no estaría dispuesto a cometer un delito violento contra cualquier mujer —como sí estaría dispuesto a cometer un delito contra cualquiera que integre la categoría respectiva el autor de un delito de odio—, sino que solo quiere ejercer violencia contra una persona en particular, contra su pareja o expareja. Por ello, no parece que a la muerte de la pareja o expareja sea inherente la dimensión colectiva propia del delito de odio, la amenaza implícita a todo el colectivo de mujer más bien, la violencia del hombre sobre la pareja o expareja mujer que es constitutiva de violencia de género es una violencia *instrumental*, pues se trata de una violencia que se ejerce para mantener o restablecer las desiguales relaciones de poder en el marco de la pareja"[96].

---

[96] Conf. PÉREZ MANZANO Mercedes, *La caracterización del feminicidio de la pareja o expareja y los delitos de odio discriminatorio,* disponible en dialnet.unirioja.es

Es con esta mirada que debemos analizar (y verificar) la presencia de episodios de violencia de género en un proceso penal, precisamente para no extraviarnos —por exceso o por defecto— en ese supraconcepto que conocemos como "perspectiva de género" y se califique como femicidio toda muerte de una mujer (esposa, pareja, ex pareja, compañera, etc.) por el solo hecho de darle muerte por celos, odio, o cualquier otro factor que no implique una voluntad dirigida a privilegiar, imponer, hacer notar, mantener, restablecer o aprovechar una relación desigual de poder (recordemos que sigue en vigencia la norma que regula el caso de homicidio en estado de emoción violenta, art. 81.a, CP). Si la violencia no tiene un caráctar instrumental, se podrá imputar al autor de la muerte cualquiera de los otros tipos de homicidios previstos en el art. 80 CP, pero no femicidio, por estar ausente, precisamente, esa relación desigual de poder que caracteriza a la violencia de género.

En otra oportunidad[97] hemos sostenido que la violencia de género es un fenómeno global, en permanente crecimiento, que se ha extendido a todos los estratos de la sociedad. Su entramado representa uno de los problemas más graves y complejos que enfrenta la sociedad actual. Los casos de violencia contra las mujeres, de maltrato familiar o de violencia en la pareja, aun no conviviente, suceden todos los días y se reflejan de modo recurrente en algún medio de comunicación.

Seguramente habremos de convenir en que no resulta imaginable un solo día en que no se difunda por los medios de comunicación un caso de violencia de género. Una sociedad democrática exige un riguroso respeto a los derechos individuales. Éste es un principio inexcusable.

---

97 Confr. BUOMPADRE Jorge Eduardo, *Violencia de género, femicidio y derecho penal*, Editorial Alveroni, Córdoba, 2013; ibídem, *Los delitos de género en la reforma penal* (Ley No. 26.791), Editorial ConTexto, Resistencia, Chaco, 2012, también disponible en pensamientopenal.com.ar

La igualdad ante la ley sólo es posible en la medida que estos derechos, cuya base actual de sustentación se enmarca en el derecho internacional de los derechos humanos, sean equivalentes al género humano. La violencia contra las mujeres no sólo importa una grave violación a los derechos humanos más básicos, sino que representa un obstáculo a toda pretensión de conformar una sociedad igualitaria y democrática.

El ejercicio de la violencia, en sus mas diversas manifestaciones, física, psicológica, económica, sexual, laboral, etc., como herramienta de poder y dominación, se ha venido repitiendo a lo largo de la historia de la humanidad. La cuestión no es nueva. Lo nuevo es el interés que ha despertado en la moderna sociedad la efectiva protección de estos derechos humanos.

Paso a paso, pero en forma segura, —a través del dictado y el compromiso asumido con la firma de distintos convenios internacionales—, los Estados van comprendiendo que lo que hoy por hoy más preocupa es el modo de garantizar el derecho de todas las mujeres a vivir una vida sin violencia y sin discriminaciones.

Para ello, el fin principal debe ser la erradicación definitiva de la violencia de género, aunque para lograrlo deba acudirse a los mecanismos mas rigurosos de los que cuenta el Estado para solucionar los conflictos sociales e individuales, entre ellos, sin duda, el derecho penal, aun cuando tal vez no sea la herramienta más adecuada y efectiva para tales fines.

La violencia contra las mujeres abarca una serie de atentados cuyo común denominador no es otro que la presencia de un sujeto pasivo femenino que es objeto de maltrato por su pertenencia a ese género y cuyo agresor se caracteriza por pertenecer al género opuesto.

Esto es verdad, pero no lo es menos que la violencia de género tiene también, además de esta caracterización binaria de sus protagonistas (hombre-mujer), un componente subjetivo, misógino, que es el que guía la conducta del autor: causar un daño por el hecho de ser mujer, elemento conceptual que debe ser interpretado con las advertencias que se han visto anteriormente.

Creemos que este componente es esencial, por cuanto la "misoginia", como se ha puesto de relieve —si bien en sentido etimológico (*Miso*: que odia... *Gyne*: mujer) implica un sentimiento de aversión a las mujeres, o sea, un rechazo o repugnancia frente a algo o alguien—, la misoginia no es sólo el odio a la mujer por el hecho de ser mujer, sino que comprende los prejuicios arraigados contra la mujer y, como tal, es base para la opresión de las mujeres en las sociedades patriarcales. La misoginia puede manifestarse de diversas maneras, como la denigración, discriminación, violencia y cosificación sexual de la mujer pero, cuidado, siempre se habrá de verificar en el proceso la concurrencia de violencia de género, con las características que hemos visto más atrás. Sin perjuicio de ello, cuando el contenido de ciertas expresiones machistas incita o provoca que las mujeres sean violentadas o violadas, sin lugar a dudas, estamos frente a un discurso misógino[98].

Este componente subjetivo, desde nuestro ver, debe estar presente; puede que el hombre quiera matar a su mujer, pero también puede suceder que esa voluntad homicida se sustente en un odio o animadversión hacia las mujeres en general, circunstancia que no descartaría la existencia de un femicidio, siempre que se presenten las características objetivas, normativas y subjetivas antes señaladas. En suma, nos parece que puede darse el caso de sinonimia entre misoginia y odio o, dicho de otro modo, ambos sentimientos negativos pueden coexistir.

Ahora bien y como ya anticipáramos, no cualquier ejercicio de violencia contra una mujer es violencia de género —advertencia que hay que repetirla todas las veces que sean necesarias—, sino sólo aquélla que se realiza contra

---

98 Conf. URRUTIA Liliana, *¿Discursos del odio, misoginia o libertad de expresión?*, disponible en pensamientopenal.com.ar.

una persona por el hecho de pertenecer al género femenino y, por mediar entre ambos protagonistas, una "relación desigual de poder"

La violencia de género también es violencia, pero se nutre de otros componentes, diferentes de aquellos que caracterizan a los crímenes violentos convencionales, e inclusive a los delitos de odio en sentido estricto:

- un sujeto pasivo femenino (mujer, de nacimiento)
- un sujeto activo masculino (varón, de nacimiento)
- y un contexto específico en el que germina la conducta criminal para doblegar y someter a la víctima (violencia de género).

Debemos recordar una vez más que violencia de género es violencia contra la mujer, pero no toda violencia contra la mujer es violencia de género, inferencia que ya ha sido destacada en la jurisprudencia nacional[99], por ejemplo en el "caso Mangeri" —pese a la condena del acusado a prisión perpetua—, en el que se sostuvo, entre otras razones, que para que se configure un caso de violencia de género puede bastar un episodio aislado; así como no todo acto contra la mujer será violencia de género, tampoco resulta necesaria su reiteración para que se configure.

La violencia de género presupone un espacio ambiental específico de comisión y una determinada relación entre la víctima y el agresor. Resulta difícil de imaginar esta clase de violencia perpetrada contra el género opuesto. La violencia es de género, precisamente, porque recae sustancialmente sobre la mujer.

---

99 Confr. el caso "Mangeri, Jorge Ernesto, s/ abuso sexual y homicidio agravado por su comisión criminis causae, en concurso material entre sí", Tribunal Oral en lo Criminal y Correccional N° 9 de la Capital Federal, 24/08/2015, en pensamientopenal.com.ar. Por supuesto que en este caso concurrieron otros factores que determinaron al tribunal a considerar que se trató de un caso de violencia de género.

La violencia es poder y el poder genera sumisión, daño, sufrimiento, imposición de una voluntad, dominación y sometimiento. La violencia presupone, por lo general, posiciones diferenciadas, relaciones asimétricas y desiguales de poder. La violencia de género implica todo esto, y mucho más, cuya hiperincriminación se justifica, precisamente, porque germina, se desarrolla y ataca en un contexto específico, el contexto de género.

5. PERSPECTIVA DE GÉNERO. CONCEPTO. APLICACIÓN A LOS CASOS JUDICIALES

Teniendo en claro todos estos indicadores que componen la problemática de la violencia de género y que se acaban de poner de relieve, se torna necesario abordar una cuestión que se vincula muy estrechamente con aquella, el *enfoque de género* en el caso judicial, temática que se puede comenzar con una pregunta: ¿la llamada "perspectiva de género" es un concepto que goza de autonomía conceptual o deriva (tiene su origen) necesariamente de una situación de violencia de género?

Dicho con otros términos:

¿Puede juzgarse un caso con perspectiva de género sin que concurra una situación de violencia de género en una relación interpersonal, aún cuando la víctima sea una mujer?

La respuesta que se de a esta pregunta tal vez pueda evitar que perdamos el rumbo en el análisis y aplicación de la perspectiva de género en los casos judiciales.

La pregunta tiene su origen en una inquietud (y preocupación) que nos surgió en un caso judicial en el que se invocó, tanto por el MPF como por el juez de juicio, la "perspectiva de género" para otorgar crédito al testimonio solitario de una mujer que denunció a su ex pareja por maltrato habitual, sin que se hubieran probado los hechos históricos narrados por esta y que los habría sufrido durante la convivencia con su presunto maltratador años atrás de la fecha de la formulación de la denuncia, circunstancia que nos hizo pensar en un uso impropio (o mal uso) del concepto "perspectiva de género" en aquellos casos en los que la víctima del delito es una mujer y el autor un hombre, casos en los que los jueces —con inusitada frecuencia y haciendo un uso excesivo o abusivo de esta herramienta, otorgando a la declaración de la mujer víctima del delito una suerte de "presunción *iure et de iure* de veracidad"— tienen por cierto todos los hechos que relata la mujer víctima del delito, porque es mujer y porque se tiene una visión del hecho (o del testimonio de la víctima) "con perspectiva de género", mientras que los dichos del acusado, por el contrario, no son tenidos en cuenta —o son considerados con una baja dosis de credibilidad— porque prima, precisamente, desde una visión antónima, el enfoque del caso con perspectiva de género, circunstancia que podría conducir a una afectación de la garantía de imparcialidad de los jueces, además de una clara violación del principio de inocencia.

Juzgar con perspectiva de género —se tiene dicho— es aplicar el logro efectivo de la igualdad de facto que prevé el mandato constitucional y convencional dirigido a quienes imparten justicia; combatir las relaciones asimétricas de poder y los esquemas de desigualdad, donde el quehacer jurisdiccional tiene una invaluable función transformadora, al juzgar de cara a una sociedad en su construcción por aplicar las transformaciones sociales en beneficio de grupos vulnerables que requieren, más que otros, la tutela judicial efectiva, con vista en la supremacía de sus derechos fundamentales, en el caso concreto a tener un juicio justo. Las resoluciones jurisdiccionales que apliquen un enfoque de género en la toma de decisiones, permiten crear de manera indirecta una estrategia de combate a la impunidad e injusticia[100].

---

100 Conf. AGUILAR LÓPEZ Miguel Ángel, *Perspectiva de género en el sistema de justicia penal. Delito de homicidio,* disponible en corteidh.org.cr.

Claro que, para "combatir las relaciones asimétricas de poder y los esquemas de desigualdad" en el caso judicial —que se describen en la opinión doctrinaria antes citada— estas situaciones deben existir al momento de los hechos y ser probadas en el respectivo proceso, por cuanto —nos parece obvio— no se podría combatir una relación —de poder— que no existe (o que no ha existido), inferencia que nos indica claramente que la violencia de género, como construcción social, productora de desigualdad y discriminación, debe ser probada en el caso judicial para que se pueda juzgar —y dictar una sentencia— con perspectiva de género y no al revés, que se comience juzgando el caso con un enfoque de género para tratar de comprobar después la concurrencia de hechos que revelen posibles acciones constitutivas de violencia de género.

El enfoque de género no involucra un elemento que debe ser aplicado en forma automática en toda investigación de un hecho de violencia en el que la víctima es una mujer, en el marco de una relación de pareja, ex pareja y/o cualquier otra en la que el agresor es un varón. La violencia de género debe ser probada para que se pueda resolver con un enfoque de género. Dicho de otra manera, la acusación deberá demostrar en el proceso que el sujeto activo obró —independientemente de la prueba del dolo propio del delito— motivado por razones de género y bajo esa motivación actuó[101].

---

101 Coincidente con nuestra postura, ÁLVAREZ DOYLE Daniel, pone de relieve que "...es indispensable que los hechos probados de la causa den cuenta con certeza de que el sujeto activo ha desplegado en alguna oportunidad —distinta de la de la muerte— algún tipo de violencia contra la mujer, vale decir, no basta con la sola comprobación fáctica de la muerte violenta como hecho aislado (o único acto) sino que es necesario la existencia de algún tipo de violencia (física, psicológica, económica, etc.) previa al homicidio, es decir, la muerte debe estar precedida de agresiones contra la mujer, lo que acreditaría la existencia de una relación asimétrica entre el varón y aquella... "Ello constituye, sin más, el contenido real de la fórmula "mediare violencia de género"... el criterio mencionado dota de objetividad, racionalidad y seguridad jurídica a la agravante prevista en el art. 80

Vale decir, que lo que se persigue con la perspectiva de género no reside en comprobar el "episodio" de violencia investigado en el proceso (el hecho penal punible en sentido estricto, el cual, naturalmente, debe ser también materia de comprobación en sus elementos típicos, por cuanto, por ejemplo, podría tratarse de una muerte causada en forma imprudente), sino el porqué de la ocurrencia de ese hecho punible, así como la corroboración o confirmación del "testimonio de la víctima" como fuente de prueba. De lo contrario, cualquier homicidio de una mujer conduciría inexorablemente al delito de femicidio.

Dicho de otro modo, se busca "*la prueba*" (mediante indicios o elementos periféricos complementarios) "*de una prueba*" (que es el testimonio solitario de la mujer víctima), por cuanto carece, por si sólo, de potencial suficiente como para destruir el principio de inocencia y fundar una sentencia de condena[102].

---

inc. 11 CP, evitando su aplicación injustificada y arbitraria por parte de los tribunales. En suma, solamente a partir de la existencia de aquel contexto puede acreditarse con certeza la premisa consistente en la inferioridad de la mujer y superioridad del hombre" (*Proceso penal y Estado de Derecho. Una aproximación desde las garantías del imputado al art. 80 inc. 11 del Código penal*, en Delitos de género y violencia sexual, pág. 79, Advocatus, Córdoba, 2022).

102 En una obra recientemente publicada y que tuve el honor de prologar, su autora la profesora Glenda Vidarte, analizando el delito de abuso sexual simple, afirma con respecto a las relaciones desiguales entre las partes intervinientes, lo siguiente: "Entiendo que cuando se alude a la existencia de relaciones asimétricas o desiguales como contexto de un abuso sexual, debe comprobarse fehacientemente y en concreto tal circunstancia, no bastando con su mera enunciación en abstracto, ello debido a que no siempre lo que aparenta ser una relación desigual en las formas lo es en lo material" (pág. 38)... rematando más adelante que "aun cuando sea una hipótesis plausible, la hipótesis acusatoria igualmente debe probarse más allá de toda duda razonable... debiendo condenar solamente cuando le certeza que se requiere para ello se ha podido alcanzar a través de una serie de indicios y otras pruebas que, interpretadas integralmente con la del testigo único, no dejen lugar a duda sobre lo sucedido..." (pág. 165), conf. *El delito de abuso sexual infantil*, Editorial ConTexto, Resistencia, Chaco, 2023.

Entonces, todo esto lleva a que, cualquier delito que se cometa por un hombre en perjuicio de una mujer, por ej. lesiones, insultos, amenazas, coacciones, violación de domicilio (ni qué decir de homicidio), etc., el caso es juzgado "con perspectiva de género", cuya consecuencia inmediata multiplica —si no se realiza una interpretación y aplicación correctas de esta herramienta— las posibilidades de condena y, al mismo tiempo, se desvanecen las posibilidades de una defensa penal exitosa por un notorio deterioro o desvalorización del principio de inocencia.

En este camino, se ha afirmado que, a la hora de dictar sentencia, la utilización indiscriminada de la perspectiva de género por parte del juez es ciertamente problemática. Baste señalar que no todos y cada uno de los principios y categorías procesales y sustantivas resisten, sin merma de su razón de ser, una lectura en clave de género[103].

En Argentina, la UFEM (Unidad Fiscal Especializada en Violencia contra las Mujeres), ha confeccionado un Protocolo de actuación para casos de muertes violentas de mujeres, sugiriendo —entre otras recomendaciones—, "... ofrecer pautas para asegurar la incorporación de la perspectiva de género desde el inicio de la investigación de las muertes violentas de mujeres y a lo largo de todo el procedimiento penal, debiendo aplicarse el protocolo *a todos los casos de muertes violentas de mujeres,* considerando *muerte violenta* aquella producida por causas no naturales, incluyendo los casos de: homicidio, suicidio, accidente y muerte sospechosa de criminalidad (o muerte dudosa), definida como "aquella respecto de la que se desconoce la causa de la muerte y, por tanto, no se puede descartar que haya sido criminal", *de una o varias mujeres:* El término *mujer* está referido a todas las personas de género femenino, en los términos de ley 26.743 de Identidad de género, considerando a las personas de identidad y/o expresión de género

---

103 Conf. MUÑOZ ARANGUREN Arturo, *La valoración del testimonio de la denunciante en delitos de violencia de género,* 26/08/2020, disponible en almacendederech.org.

femeninas, independientemente del sexo asignado al nacer y de sus registros identificatorios. Esto incluye a mujeres trans, travestis, transexuales y transgénero, *desde el inicio de la investigación:* Con el fin de asegurar la recolección de las pruebas y orientar adecuadamente la investigación y los pasos procesales, se presumirá la existencia de un femicidio desde la noticia criminal".

Sigue recomendando el Protocolo que "El ámbito de aplicación del instrumento no se circunscribe exclusivamente a los casos que constituyen femicidio en sentido jurídico penal (artículo 80 inciso 11° del Código Penal). Se trata de pautas para guiar la investigación con enfoque de género en el espectro amplio de casos señalados". Sus lineamientos también pueden servir para identificar y probar el contexto de violencia de género en casos de: tentativa de femicidio, femicidio vinculado de varones (que incluye como víctima tanto a la mujer como al varón indistintamente, ejemplificándose con el art. 80.12 CP), homicidio motivado por razones de género, aunque la víctima no sea mujer (personas con orientación sexual, identidad de género o expresión de género diversas)"[104].

Coincidimos en parte con estas recomendaciones formuladas por la UFEM para casos de muertes violentas de mujeres por cuanto, si bien es cierto que en toda investigación criminal respecto de un hecho que haya tenido como consecuencia la muerte de una mujer, el Ministerio Público Fiscal puede "sospechar o presumir", desde los inicios de la investigación, de que esa muerte configura un femicidio o alguna de las otras figuras que describe —en nuestra opinión, excesivamente, llegándose a incluir el homicidio culposo y el suicidio (con perspectiva de género)—, no lo es menos que no basta con la mentada "presunción de criminalidad", sino que deberá acreditarse fehacientemente de que esa muerte no sólo encaja en el tipo de injusto de que se trate (art.80.11, 80.12, 84, CP, etc.) sino que es el

---

104 Disponible en pensamientopenalcom.ar (2018/4).

resultado de una relación desigual de poder, en los términos que establece la ley 26.485, esto es, que se trata de un hecho de violencia de género, algo difícil de determinar en los casos de accidentes y de suicidios. De lo contrario, se estaría haciendo un uso impropio (excesivo y arbitrario) de la herramienta categorial "perspectiva de género", en perjuicio del varón.

De aquí que nos parezca mucho más correcto (más allá de toda presunción de existencia de un hecho violento —de género—, que podría anidar en la mente del MPF, y que implicaría, ciertamente, una presunción contra reo), verificar si se está ante una situación de violencia de género para llevar adelante la investigación con un enfoque de género, pues podría estarse ante un episodio que se presenta como un hecho violento, eso sí, pero de ahí a presumir que se trata de un femicidio —porque la víctima es una mujer— podría estarse frente a una circunstancia no comprobada. El delito de femicidio es un tipo agravado de homicidio; sólo se tratará de un femicidio si en el proceso se comprueba la existencia de una relación desigual de poder entre víctima y victimario y esta razón de género ha sido el motivo que empujó al agresor varón a dar muerte a la mujer.

El MPF tiene todo el derecho de presumir la ejecución de un femicidio y formarse una idea de lo sucedido en los momentos iniciales de la investigación, pero lo que no podrá hacer es acusar con la sola presunción de criminalidad.

Por otro lado, no estamos absolutamente de acuerdo en la interpretación que se hace del sustantivo "mujer" en el citado Protocolo. Ya nos hemos expedido suficientemente sobre esta cuestión y remitimos al lector al lugar correspondiente (v. pág. 46 y sig.). Pero, aun así, conviene aclarar que nuestra postura acerca del sujeto pasivo sólo tiene relación con el delito de femicidio previsto en el inc.11 del art. 80 CP.

Lo preocupante de esta visión que se hace del hecho en el caso judicial, reside en que da toda la sensación de que la "perspectiva de género" ha hecho que desaparezca la "mujer falsaria" del mundo del proceso penal, por cuanto, será suficiente con que manifieste cualquier versión de los hechos en el proceso, (en la denuncia o en sus testimonios), inclusive mentir acerca de un pasado nutrido de violencia por parte de su pareja (o ex pareja), relatando hechos que no han existido o que no pueden comprobarse (ni siquiera con elementos periféricos o adicionales) —especialmente en referencia a episodios denunciados como cometidos cuando se era menor de edad y, a la época de la denuncia, la mujer ya cuenta con unos buenos años encima—, la amorfa y anómala situación que esta circunstancia presenta no tendrá ninguna importancia para el juez pues, igualmente, el acusado (sea el marido, el ex, o un tercero) será juzgado y condenado "con perspectiva de género", esto es, por la simple razón de que la víctima es mujer, aunque no se haya probado absolutamente nada de los episodios de violencia denunciados o se presente una real situación de insuficiencia probatoria.

Debemos convenir en que la violencia de género (que abarca el maltrato tanto hacia la mujer como hacia el varón, en la medida que el caso no se enmarque en las previsiones de la Ley 26.485) no sólo se manifiesta con hechos físicos (materiales) o mediante agresiones de carácter psicológico, sino que también se presentan casos en los que la mujer despliega conductas de chantaje, amenazas de denuncias falsas o de no compartir la tenencia o custodia de los hijos, avergonzar al varón, ponerlo en ridículo o hacerle objeto de persecución en público o por las redes sociales, etc., si este no asume incondicionalmente ciertas y determinadas exigencias, por lo general de carácter económicas.

No deja de ser una realidad absolutamente cierta y comprobable, de que existen casos en los que la mujer denuncia falsamente haber sido maltratada por su pareja o ex pareja (muchas veces se trata de denuncias falsas por abusos sexuales), con perversas y malintencionadas finalidades (se usa a los tribunales de justicia, no sólo como instrumento de castigo al varón, sino como un mecanismo perfecto para expoliar económica y moralmente al supuesto agresor), con lo que bastará, por fuerza, con el relato puesto de manifiesto en el proceso judicial, el que se convertirá mágicamente en la prueba del delito, porque la víctima es una mujer y el caso debe ser juzgado con perspectiva de género. Como se podrá presumir, no sucede lo mismo si la víctima de las agresiones es el varón, a quien el sistema de justicia le presta muy poca atención en el resguardo de sus derechos los que, se supone, son los mismos que los de su agresora.

Si bien es verdad que la Ley 26.485 tiene relación sólo con la violencia contra la mujer, no lo es menos que, en el contexto normativo general, no se necesita tener mucho ingenio para sostener que también el varón puede ser víctima de violencia de género, como sujeto pasivo de un delito perpetrado por la mujer. Si una mujer puede cometer los delitos de amenazas, privación de libertad, injuria, lesiones, etc., contra cualquier persona, incluidos su cónyuge, pareja o ex pareja varón, ¿por qué razón no podría cometer un homicidio y ser juzgada con perspectiva de género? El inciso 4to. del artículo 80 del Código penal es un buen ejemplo de ello.

Tal vez sea necesario introducir —como se ha hecho con otras figuras, por ejemplo, artículos 41 bis y siguientes del Código penal—, una agravante genérica móvil de la penalidad, a fin de abarcar estas circunstancias fácticas en las que una mujer golpea, amenaza, insulta o da muerte a su cónyuge, pareja, ex pareja, ascendientes, descendientes, etc., en el marco de una situación de violencia estructural, del modo a como está previsto en el Código penal español[105], sin perjuicio del debate que ha provocado en ese

---

[105] Cód. penal español, art. 22.4: Son circunstancias agravantes: ...4. "Cometer el delito por motivos racistas, antisemitas, antigitanos u otra clase de discriminación referente a la ideología, religión o creencias de la víctima, la etnia, raza o nación a la que pertenezca, su sexo, edad, orientación o identidad sexual o de género, razones de género, de aporofobia o de exclusión social, la enfermedad que padezca o su discapacidad, con independencia de que tales condiciones o circunstancias concurran efectivamente en la persona sobre la que recaiga la conducta" (el texto original, mucho mas acotado,

país esta agravante en torno a su aplicabilidad a hechos de violencia cometidos contra un hombre[106].

Es verdad que, en una relación de pareja, ex pareja, etc., estadística e históricamente, la violencia ha sido ejercida por el hombre contra la mujer, como que la Ley 26.485 tiene, por definición —como se dijo— referencia sólo con hechos de violencia "contra la mujer" (como sujeto pasivo exclusivo de la violencia), pero también lo es —aunque las estadísticas no acompañen demasiado—, que puede darse la situación inversa, que sea el hombre quien sufre la violencia perpetrada por la mujer, especialmente en casos en los que se aprecia claramente una situación de violencia

---

fue introducido por la LO 1/2015, de 30 de marzo, ampliado por la LO 6/2022, de 12 de julio, complementaria de la Ley 15/2022, de 12 de julio, integral para la igualdad de trato y la no discriminación, que es el texto que se transcribe y está en vigencia). Respecto de esta circunstancia agravante de la pena, debemos destacar que para la doctrina de ese país sólo resulta aplicable (pese a que la norma no hace ninguna distinción entre sujetos masculinos y femeninos, pues solamente dice "Cometer el delito..."), en consonancia con la definición de violencia de género que establece la LO 1/2004, esto es, sería aplicable en todos aquellos casos en los que el sujeto activo (siempre varón), comete el delito motivado por el propósito de discriminar o de hacer patente la situación de desigualdad o la relación de poder sobre el sujeto pasivo (siempre una mujer que haya sido o sea su cónyuge, o que esté o haya estado ligada a él por relación de afectividad, aún sin convivencia) (Conf. GUTIÉRREZ GALLARDO Rocío, *La Nueva agravante por razón de género: ¿era realmente necesaria?*, disponible en ficp.es). Igualmente, véase sobre este tema MAQUEDA ABREU María Luisa, *El hábito de legislar sin ton ni son. Una lectura feminista de la reforma penal de 2015*, disponible en dialneet.unirioja.es.

106 GUTIÉRREZ GALLARDO Rocío, *La Nueva agravante por razón de género: ¿era realmente necesaria?*, disponible en ficp.es, quien sostiene que la inclusión de la agravante era totalmente innecesaria. En la jurisprudencia de ese país pareciera que la agravante por razón de género sólo es aplicable al hombre, a conductas machistas, realizadas por hombres sobre mujeres con la intención de mantener su dominio y considerándolas inferiores (STSJ Valencia, 29/06/2018, cit. por Justa GÓMEZ NAVAJAS, *La perspectiva de género en Derecho penal*, en El Derecho penal del siglo XXI. *Liber Amicorum* en honor al profesor José Miguel Zugaldía Espinar, pág. 255, Tirant lo Blanch, Valencia, 2021.

asentada en un marco de poder estructural que revela desigualdad, discriminación y sometimiento del sujeto que la padece, como sucede especialmente con los niños, circunstancia que nos permite deducir que en estos casos —de violencia contra niños, fundamentalmente— la autora puede ser juzgada con perspectiva de género.

La violencia carece de etiquetas y puede manifestarse de múltiples formas, pudiendo arrastrar a una persona adulta, varón o mujer, como a un niño, y la violencia contra un niño es, sin duda, violencia de género, por mas que no haya una ley —como la citada— que la defina normativamente[107]. El caso "Lucio Dupuy" es un buen ejemplo de ello[108].

Se presenta, entonces, en el proceso judicial, lo que podríamos llamar una *hipervalorización de la palabra de la mujer,* situación a la que se arriba porque no se quiere entender (la resistencia judicial es patente) que la perspectiva de género no es una herramienta para privilegiar en el proceso los intereses que pudieren tener las mujeres víctimas de una agresión por parte de su pareja o ex pareja, sino que es una herramienta que se orienta a ponderar, analizar, verificar, etc., la concurrencia de relaciones asimétricas o desigualdad entre las partes, las que deben ser comprobadas para justificar la recurrencia a un enfoque de género en el juzgamiento del caso.

Ahora bien, dicho esto, nos preguntamos:

¿Qué se quiere significar cuando se usa la expresión "perspectiva de género" en un caso judicial?

Como punto de partida para responder este interrogante, debemos recordar que, cuando hablamos de "perspectiva de género" en un caso judicial, estamos hablando de "violencia de género" en "*ese*" caso judicial, es decir, de la

---

107 Hacemos la salvedad de la Ley 24.417/1994, de Protección contra la Violencia Familiar, pero esta normativa carece de disposiciones penales.

108 Véase nota 66.

violencia de género cuyo concepto surge como ya vimos del art. 4 de la Ley 26.485 de Violencia contra la Mujer, que dice, recordemos: "Se entiende por violencia contra las mujeres toda conducta, acción u omisión, que de manera directa o indirecta, tanto en el ámbito público como en el privado, *basada en una relación desigual de poder*, afecte su vida, libertad, dignidad, integridad física, psicológica, sexual, económica o patrimonial, como así también su seguridad personal. Quedan comprendidas las perpetradas desde el Estado o por sus agentes.Se considera violencia indirecta, a los efectos de la presente ley, toda conducta, acción omisión, disposición, criterio o práctica discriminatoria que ponga a la mujer en desventaja con respecto al varón".

O bien, aquél que se describe en el art. 1 de la Convención de Belén do Pará, cuyo texto dice "Para los efectos de esta Convención debe entenderse por violencia contra la mujer cualquier acción o conducta, *basada en su género*, que cause muerte, daño o sufrimiento físico, sexual o psicológico a la mujer, tanto en el ámbito público como en el privado".

De modo que —como se puede apreciar— no hay forma de escapar a esta realidad: si se juzga un caso con perspectiva de género, necesariamente en el caso judicial debe darse una *relación desigual de poder* entre el hombre y la mujer, que son los sujetos del proceso. De lo contrario, se estaría juzgando un caso con perspectiva de género *sin género* (o desigualdad de género) lo cual supondría una aplicación automática (y arbitraria) de esta herramienta conceptual.

Carecería de sentido lógico e implicaría una incorrección jurídica, aplicar la perspectiva de género en un caso judicial en donde no concurre o no se avizora que el hecho haya sido cometido mediando "violencia de género", por más que la víctima sea una mujer, por cuanto —en esto debemos insistir— no todo hecho de violencia contra la mujer presupone violencia de género (ni todo homicidio de una mujer es femicidio por el solo hecho de ser mujer la víctima del delito).

De no ser así, cualquier caso judicial en el que la víctima o damnificada es una mujer, podría ser juzgado con perspectiva de género, sin que haya género, es decir, sin que concurra ese elemento instrumental que revele desigualdad o discriminación entre los sujetos procesales o, como se dice en el art. 4 del Decreto reglamentario de la Ley 26.485, sin que concurra una "relación desigual de poder", esto es, prácticas socioculturales históricas basadas en la idea de la inferioridad de las mujeres o la superioridad de los varones, vale decir que —para decirlo de otro modo—, se estaría frente a un proceso en el que sólo se tendría en cuenta el sexo de la víctima, como circunstancia determinante de la decisión judicial que se adopte[109].

Si lo que se persigue con la perspectiva de género es terminar con la discriminación y potenciar la igualdad de los géneros, entonces no se puede utilizar esta herramienta si en el caso judicial no concurre un problema que tenga su fuente en una situación interpersonal en la que haya mediado violencia de género.

Con el sistema de valoración de la prueba (en el juzgamiento de un caso con enfoque de género), lo que se debe perseguir en aras de respetar los derechos y garantías de las partes en litigio, reside en determinar si el conflicto tiene algún viso de género; de lo contrario, la consecuencia inmediata sería una potenciación de los estereotipos en el

---

109 En esta dirección, la STS español, de 26 febrero de 2019, en la que se dijo que "el término «género» que titula la Ley y que se utiliza en su articulado, pretende comunicar que no se trata de una discriminación por razón de sexo. No es el sexo en sí de los sujetos activo y pasivo lo que el legislador toma en consideración con efectos agravatorios, sino –una vez más importa resaltarlo– el carácter especialmente lesivo de ciertos hechos a partir del ámbito relacional en el que se producen y del significado objetivo que adquieren como manifestación de una grave y arraigada desigualdad", citada por Sandra LÓPEZ DE ZUBIRÍA DÍAZ, en *La agravante de discriminación por género como respuesta a las limitaciones penales en la violencia de género,* Eunomía. Revista en Cultura de la Legalidad, No. 22, abril/septiembre 2022, pp.158-187. disponible en https://doi.org/10.20318/eunomia.2022.6811.

análisis y valoración de la prueba que, con esta herramienta, se quieren evitar.

La aplicación de la perspectiva de género en un caso judicial en donde no se vislumbra un conflicto de género, no sería otra cosa que una nueva perpetuación de la desigualdad entre los sujetos del proceso. Justamente, lo contrario de lo que se quiere erradicar.

En este sentido, no resulta cargoso insistir —cuando se habla de perspectiva de género en el caso judicial— que la igualdad y la no discriminación se configuran como el presupuesto para el disfrute y ejercicio del resto de los derechos fundamentales[110] y, si esto es así, entonces no queda más remedio que admitir que se deben respetar, en un marco de igualdad y no discriminación, también los derechos del varón, sea que haya sido acusado como autor de la agresión o bien que haya sido víctima de la agresión de su pareja o expareja mujer.

Entonces, dicho lo que antecede, ¿qué queremos significar cuando hacemos referencia a esta expresión?; pues bien, lo que se quiere decir (y en esto vamos a coincidir seguramente) es que, en el caso judicial, se deben considerar, prioritariamente, los derechos humanos de la mujer o, dicho de con otros términos, estamos hablando de un mecanismo, una técnica o una herramienta conceptual, que posibilita la integración de la dimensión de género a las decisiones judiciales, orientada a la protección de los derechos humanos de las mujeres, claro, siempre que la víctima sea la mujer y sin que ello implique, desde luego, echar al cajón de sastre los derechos del varón.

En este sentido, el Consejo Económico y Social de las Naciones Unidas definió la "transversalización de la perspectiva de género" (expresión difundida para que se entienda que el término género es sinónimo de mujer), de

---

110 Conf. ABADÍAS SELMA Alfredo, *Hablo en castellano porque así parezco más malo,* en El odio como motivación criminal (Dir. Marco Teijón Alcalá), varios autores, pág. 115, La Ley, Madrid, 2022.

la siguiente manera: "Es una estrategia para hacer que las preocupaciones y experiencias de las mujeres así como también de los hombres constituyan una dimensión integral del diseño, implementación, monitoreo y evaluación de políticas y programas en todas las esferas políticas, económicas y sociales de modo que las mujeres y los hombres se beneficien por igual y la desigualdad no sea perpetuada. El fin último es alcanzar la igualdad de los géneros" (UN, Doc. A/52/3 Rev. 1, págs. 24-25).

En suma, la perspectiva de género presupone una estrategia enderezada a promover el disfrute de los derechos de las mujeres en condiciones de igualdad con los de los hombres, tanto en lo formal como en los hechos, respetándose —precisamente— los principios de igualdad y no discriminación en las decisiones judiciales.

De esta manera, si bien se persigue la eliminación de los estereotipos de género —vale decir, aquellos roles, actitudes, comportamientos, opiniones, etc., que son aplicados a un género en particular[111], que puedan tener la virtualidad de impedir que estos principios sean realmente aplicables en los procesos penales en los que la víctima del delito es una mujer, también se debe propender a que se respeten los principios mencionados, esto es, los principios de igualdad y no disciminación respecto del varón.

Ni la mujer ni el varón, como sujetos del proceso, deben ser monitoreados por el juzgador para verificar a quien se prioriza en el debate, sino comprobar y confrontar los elementos de prueba (directos, indirectos, indiciarios) que demuestren claramente que, en el caso, ha existido un hecho de violencia en el marco de un contexto de género, perpetrado por uno de los dos contendientes, sea el hombre o sea la mujer. Si no se verifica en el proceso la concurrencia de un contexto de género —que debe ser comprobado bajo las reglas de la prueba—, entonces no se puede

---

111 Conf. CARRERAS PRESENCIO Ana Isabel, *Concepto jurídico de violencia de género*, Dykinson SL, pág. 141, Madrid, 2019.

juzgar el caso con perspectiva de género. De lo contrario, se estaría no solamente fuera del radio de acción del enfoque de género, privilegiando sólo la condicion sexual del agresor o de la agresora, sino que se violaría las reglas de la prueba (sana crítica racional) en el proceso, que no son —desde luego— incompatibles con el enfoque de género.

Como en cualquier proceso, se debe acreditar los hechos que se manifiestan en un ambiente de dominación machista (por ej. el sometimiento continuado del sujeto activo de la agresión sobre la víctima), como un elemento esencial en el contexto de género, asi como el aspecto subjetivo de la discriminación por género, que presupone la búsqueda de la dominación de la mujer (circunstancia reveladora del dolo que guía la conducta del autor de la violencia), finalidad que surge de los elementos objetivos que se tienen por probados en el proceso.

La CorteIDH se ha pronunciado en numerosas oportunidades sobre la cuestión, afirmando que "la violencia de género representa una violación de los derechos a la integridad personal y a la protección de la honra y la dignidad de las mujeres, y ha calificado la violación sexual cometida por agentes del Estado como una forma de tortura. Además, ha establecido que la violencia doméstica es —al igual que cualquier otro tipo de violencia— una violación de los derechos humanos de la mujer, y precisado que la comisión de actos violentos por parte de actores privados puede generarle responsabilidad al Estado cuando este no instrumenta medidas razonables de prevención, "*no investiga debidamente los hechos*" (destacado nuestro) o no castiga a los responsables, según lo establecido en la CADH y en la Convención de Belém do Pará.

De igual manera, ha declarado repetidamente que para erradicar el fenómeno de la violencia de género y para contrarrestar la creación o la permanencia de un clima de impunidad que contribuya a que esa violencia se perpetúe, es indispensable garantizar el acceso de las víctimas a recursos judiciales idóneos y efectivos, junto al cumplimiento por los Estados de su obligación de prevención, "*investigación*" y sanción (destacado nuestro).

Por esta razón, ha recomendado a los Estados dedicar atención prioritaria a eliminar las barreras jurídicas y fácticas que impiden el acceso de las mujeres a la justicia (CIDH, *Observaciones de la Comisión Interamericana de Derechos Humanos sobre su visita a Haití en abril de 2007*, OEA/Ser.L/V/II.131, 2 de marzo de 2008; *Honduras: derechos humanos y golpe de Estado*, OEA/Ser.L/V/II. Doc. 55, 30 de diciembre de 2009. Ver también, *María Elena Loayza Tamayo vs. Perú*, Informe No.24/94, fondo, Caso 11.154, 26 de setiembre de 1994; *Raquel Martín de Mejía vs. Perú*, Informe No. 5/96, fondo, Caso 10.970, 1 de marzo de 1996; *Ana Beatriz y Celia González Pérez vs. México*, Informe No. 53/01, fondo, Caso 11.565, 4 de abril de 2001. En doctrina, cfr., Andión Ibañez, Ximena, "The Right of Women to Be Free From Violence and the Approach of the Inter-American System in Individual Cases: Progress and the Challenges"... pág. 20 y ss. CIDH, *Informe sobre la situación de los derechos humanos en República Dominicana*, OEA/Ser.L/V/II.104, 7 de octubre de 1999; *Quinto informe sobre la situación de los derechos humanos en Guatemala*, OEA/Ser.L/V/II.111, 6 de abril de 2001; Informe sobre Guatemala de 2003; Informe sobre Bolivia de 2007; Informe sobre Haiti de 2008. Ver también, *Maria da Penha Maia Fernandes vs. Brasil*, Informe No. 54/01, fondo, Caso 12.051, 16 de abril de 2001. Cfr. Corte Europea de Derechos Humanos (CEDH), *Bevacqua vs. Bulgaria*, No. 71127/01, CIDH, Informe sobre la Condición de la Mujer en las Américas; Informe sobre Ecuador de 1997; Informe sobre Colombia de 1999; Informe sobre Guatemala de 2003; Informe sobre Haití de 2005[112].

---

[112] Todos los fallos citados por TRAMONTANA Enzamaría, en *Hacia la consolidación de la perspectiva de género en el Sistema Interamericano: avances y desafíos a la luz de la reciente jurisprudencia de la Corte de San José*, disponible en corteidh.or.cr.

En otros casos, la CorteIDH resolvió:

La Corte recuerda que en casos de violencia contra la mujer las obligaciones generales establecidas en los artículos 8 y 25 de la Convención Americana se complementan y refuerzan para aquellos Estados que son Parte, con las obligaciones derivadas del tratado interamericano específico, la Convención de Belém do Pará. En su artículo 7.b dicha Convención obliga de manera específica a los Estados Partes a "*utilizar la debida diligencia para prevenir, sancionar y erradicar la violencia contra la mujer*". En su artículo 7.c la Convención de Belém do Pará obliga a los Estados Partes a adoptar la normativa necesaria para investigar y sancionar la violencia contra la mujer. En estos casos, las autoridades estatales deben iniciar ex officio y sin dilación, una "*investigación seria, imparcial y efectiva*" una vez que tomen conocimiento de los hechos que constituyan violencia contra la mujer, incluyendo la violencia sexual. De tal modo, que ante un acto de violencia contra una mujer, resulta particularmente importante que "*las autoridades a cargo de la investigación la lleven adelante con determinación y eficacia*", teniendo en cuenta el deber de la sociedad de rechazar la violencia contra las mujeres y las obligaciones del Estado de erradicarla y de brindar confianza a las víctimas en las instituciones estatales para su protección. La Corte también ha señalado que el deber de investigar efectivamente tiene alcances adicionales cuando se trata de una mujer que sufre una muerte, maltrato o afectación a su libertad personal en el marco de un contexto general de violencia contra las mujeres (destacados nuestros).

El criterio anterior es totalmente aplicable al analizarse los alcances del deber de debida diligencia en la investigación de casos de violencia por razón de género.

A menudo es difícil probar en la práctica que un homicidio o acto de agresión violenta contra una mujer ha sido perpetrado por razón de género. Dicha imposibilidad a veces deriva de la "*ausencia de una investigación profunda y efectiva por parte de las autoridades sobre el incidente violento y sus causas"*. Es por ello que las autoridades estatales tienen la obligación de investigar *ex officio* las posibles connotaciones discriminatorias por razón de género en un acto de violencia perpetrado contra una mujer, especialmente cuando existen *indicios concretos* de violencia sexual de algún tipo *o evidencias* de ensañamiento contra el cuerpo de la mujer (por ejemplo, mutilaciones), o bien cuando dicho acto se enmarca dentro de un contexto de violencia contra la mujer que se da en un país o región determinada (Caso Veliz Franco y otros Vs. Guatemala. Excepciones Preliminares, Fondo, Reparaciones y Costas. Sentencia de 19 de mayo de 2014). En el mismo sentido, Casos Fernández Ortega y otros Vs. México. Excepción Preliminar, Fondo, Reparaciones y Costas. Sentencia de 30 de agosto de 2010; Rosendo Cantú y otra vs. México. Excepción Preliminar, Fondo, Reparaciones y Costas. Sentencia de 31 de agosto de 2010, párr. 177).

Hemos subrayado *ex profeso* algunas partes de las recomendaciones de la CorteIDH que se acaban de transcribir —recordemos, al sugerir "investigar debidamente los hechos", "realizar una investigación seria, imparcial y efectiva"... "una investigación profunda y efectiva por parte de las autoridades sobre el incidente violento y sus causas", "las autoridades estatales tienen la obligación de investigar *ex officio* las posibles connotaciones discriminatorias por razón de género en un acto de violencia perpetrado contra una mujer, especialmente cuando existen indicios concretos de violencia sexual" etc.—, para destacar que dicha encomienda, en el marco de un proceso penal, no sólo debe estar orientada a aplicar estándares que pongan en práctica los principios de igualdad y no discriminación mencionados cuando la víctima del delito es una mujer, sino que también esos mismos principios deben jugar para el hombre cuando es acusado de ser el autor de esos delitos, si lo que se persigue con la perspectiva de género es, justamente, promover la igualdad entre hombres y mujeres en el caso judicial. Así debe entenderse la manda de la CorteIDH al sugerir a los jueces "investigar las *posibles connotaciones discriminatorias por razón de género* en un acto de violencia perpetrado contra una mujer", si la finalidad del enfoque de género en el caso judicial consiste, precisamente, en la verificación de relaciones asimétricas entre los sujetos procesales.

Un proceso judicial demanda igual protección de los derechos de los sujetos procesales y una única visión de los hechos que se deberá obtener de la prueba producida en la causa, sin que su valoración y análisis vaya en beneficio de uno y en perjuicio del otro en iguales circunstancias, sino en beneficio de todos por igual.

El enfoque de género en un proceso no puede detenerse en analizar sólo el testimonio de la víctima mujer, sino que, como se ha puesto de relieve, "aunque la perspectiva de género no permita superar la insuficiencia probatoria que deriva del testimonio único no corroborado de la víctima, puede servir para indicar al investigador la "hoja de ruta" que ha de seguir para orientar la indagación y hacer acopio de material probatorio" (Ramírez Ortíz), aunque siempre deberá tenerse presente que la perpectiva de género no presupone un mecanismo de reemplazo del testimonio solitario de la víctima, sino que —como vimos— debe contribuir a la búsqueda de material probatorio adicional o complementario que potencie y otorgue credibilidad a dicho testimonio.

En palabras de Fuentes Soriano, "la perspectiva de género, como criterio informador del ordenamiento no sólo debe inspirar la labor de investigación y acopio del material probatorio, sino que debe presidir la interpretación y la valoración que haya de realizar el juzgador de todas y cada una de las pruebas practicadas. Y esa valoración no lo es sólo de la prueba directa que obre en la causa (declaración de la víctima, de los testigos, informes periciales, partes médicos, psicológicos...), sino que debe aplicarse también a la prueba indirecta o indiciaria que, en su caso, será la que sirva para corroborar el testimonio de la víctima[113].

---

113 Conf. FUENTES SORIANO Olga, *La perspectiva de género en el proceso penal. ¿Refutación? de algunas conjeturas sostenidas en el trabajo de*

El principio de inocencia es central en el análisis de estos casos, salvo que se acuda a la absurda propuesta de algunos sectores feministas más radicales y hegemónicos que exigen, en casos de violencia de género, la anulación de la presunción de inocencia invirtiendo la carga de la prueba, de modo que todos los varones denunciados sean considerados culpables hasta que demuestren que son inocentes[114]. Aun cuando no lo digan públicamente estos colectivos feministas, este enfoque peligrosista de una disfrazada perspectiva de género, se aprecia solapadamente en muchos casos judiciales en los que la víctima es una mujer y el sospechoso de la agresión un hombre que clama su inocencia (algunas veces vociferando, otras veces suplicando) ante un juez que simula escuchar pero con los oídos enfundados por la indiferencia y la arbitrariedad.

Ahora bien, ¿es necesario que la CorteIDH diga que deben ser garantizados los derechos de las víctimas para que, en realidad, estos derechos estén garantizados en el marco de un proceso penal?, ¿acaso las víctimas mujeres no son iguales a los hombres en derechos?, ¿qué beneficio obtiene la mujer en un proceso en el que el hecho de violencia se juzga con perspectiva de género?

En lo que respecta a estas cuestiones, debemos convenir en que los derechos de las víctimas en Argentina están suficientemente garantizados —al menos en lo formal— por la Ley 27.372 de Derechos y Garantías de las Personas Víctimas de Delitos y por las regulaciones en los Códigos procesales penales provinciales (por ej. arts. 12 y 99, Código procesal penal de Corrientes) pero —sin perjuicio de ello— habremos de convenir también que la sola regulación formal no es suficiente motivo de protección, sino que es la realidad del caso judicial lo que importa y es allí en donde debe ponerse en acción la tutela de estos derechos,

---

Ramírez Ortiz «el testimonio único de la víctima en el proceso penal desde la perspectiva de género», disponible en revistes.udg.edu

114 Confr., críticamente, sobre esta temática, KREIMER, Roxana, *El patriarcado no existe más*, pág. 29, Galerna, Buenos Aires, 2020.

en tanto y en cuanto, también se respeten los derechos del acusado.

Asimismo, el único beneficio que obtiene la mujer —lo cual ya es bastante, por cierto— es el que pusimos de relieve anteriormente, en el sentido que el juez se inclinará más a otorgar mayor credibilidad al testimonio de la mujer que al del hombre que ha sido acusado por el hecho de violencia, porque la víctima es del sexo femenino y está obligado a juzgar con perspectiva de género, concediendo a la palabra de la mujer una dosis de fiabilidad que no se presentaría si se juzgara el caso sin el aporte de aquel elemento complementario.

Pero, debemos recordar que, para juzgar con perspectiva de género un caso judicial, se debe avizorar (comprobar), al menos indiciariamente, no sólo que la mujer que denuncia o testimonia las circunstancias que han rodeado la agresión, es la víctima del ataque, sino que ha de evaluarse si el conflicto que desencadenó la situación de violencia entre los sujetos activo y pasivo, se inserta en el marco general de la violencia de género, indagándose en la "hoja de ruta" que demarca el camino de vida de las partes, en suma, si ha existido o no un hecho que puede calificarse como violencia de género porque —y en esto hay que insistir—, no toda violencia contra una mujer (o contra un varón) es violencia de género. Aun así, iguales precauciones se deben de tener si la víctima es un varón y la agresora una mujer, que sea su pareja o ex pareja, con o sin convivencia.

El juzgamiento con perspectiva de género debe sumergirse en las profundidades del conflicto que evidencia el caso, a fin de advertir la existencia de relaciones asimétricas entre las partes, motivaciones discriminatorias y desigualdades que se presentan describiendo claramente la historia problemática de la pareja o ex pareja, circunstancia que permite inferir, en muchas ocasiones, la insuficiencia del testimonio solitario de la mujer-víctima si no va acompañado de otros elementos adicionales que potencien su confiabilidad y credibilidad.

Si algún beneficio se consigue para el sistema de justicia, reside en que la obligación de juzgar un hecho de violencia contra la mujer con perspectiva de género —sea que la voz "mujer" fuera entendida en un sentido biológico o en un sentido normativo—, garantiza a que el juez remiso a aceptar este deber legal no le quede más remedio que hacerlo o apartarse de entender en la causa, algo que resulta, ciertamente, muy difícil que suceda en el caso judicial. Los jueces no suelen apartarse de continuar entendiendo en una causa en la que pudiere discutirse una situación de violencia de género (y no estén muy de acuerdo con la tendencia dominante de juzgar a rajatabla con perspectiva de género cuando la víctima es una mujer), muy por el contrario, se callan, no dicen nada y continúan, como si nada hubiera sucedido, convirtiéndose en una suerte de cómplices de la condena del acusado.

No existe otra opción, pues sólo con tal finalidad habrá de juzgarse el caso en un marco de igualdad y no discriminación por razones de género, especialmente en aquellos casos en los que el servicio de justicia parece mostrarse más hostil o desfavorable a ciertos colectivos de personas, como por ej. los movimientos sociales LGTBI+ (aunque esta tendencia parece estar disminuyendo en las decisiones judiciales).

Pero, sin perjuicio de esto, debemos recordar que el enfoque de género que implica una mirada que abarca todas las etapas del proceso —con las advertencias antes realizadas— no presupone una estrategia orientada a romper el equilibrio que debe primar en todo proceso judicial entre los derechos de la víctima y las garantías del acusado sino, contrariamente, a garantizar la intangibilidad de esos derechos y principios.

Si lo que se persigue con la perspectiva de género es la búsqueda de la igualdad entre el hombre y la mujer que enfrentan sus intereses en el proceso, entonces se debe comprobar la existencia (presente o pasada) de una "situación de desigualdad" entre esos mismos contendientes en su relación interpersonal. De lo contrario, la técnica no podría tener ninguna operatividad por cuanto, de ningún modo, se podría presumir la existencia de una situación de hecho (la relación desigual de poder) —que pudo no haber concurrido— en contra de la persona acusada de haber empleado la violencia en perjuicio del otro.

En función de este esquema, no parece razonable que el Juez le conceda mayor credibilidad al testimonio de la mujer víctima de violencia que al del hombre acusado de la agresión, por la sola circunstancia de que el juzgamiento con perspectiva de género —entendido, como se dijo, como un estándar garantizador de los principios de igualdad y no discriminación—, implica una obligación que deriva de la Constitución nacional y de los Tratados internacionales de DDHH, bajo la idea de que, si así no se entendiera esta modalidad de juzgamiento, la perspectiva de género perdería todo su potencial garantizador de derechos, debiéndose continuar juzgándose el caso bajo el esquema tradicional de la "formalidad procesal", cuya consecuencia podría implicar una buena porción de recorte en la credibilidad probatoria de la voz de la mujer en el proceso.

Cuando la violencia contra la mujer es tolerada por el Estado —circunstancia que puede presentarse de varias maneras, por acción o por omisión, es decir, sea por deficiencia en la investigación o por no adoptar las medidas de prevención suficiente para las víctimas o las medidas necesarias para la protección de los DDHH, etc.— genera, sin ninguna duda, una perpetuación de la discriminación y la violencia, cuya consecuencia más inmediata es la impunidad del agresor, fomentando un sentimiento de desconfianza de las mujeres en el sistema de administración de justicia, tal como se ha puesto de relieve en el conocido caso "Campo Algodonero" ("Gonzalez y otras vs México"), fallado por la CorteIDH el 16 de noviembre de 2009.

Ciertamente, el uso de estereotipos de género, hipervalorando la situación del varón, ha contribuido en ciertos procesos judiciales penales a que la palabra de la mujer víctima del delito —como antes dijéramos— padezca una descalificación con consecuencias directas en su credibilidad como elemento de prueba, generando —a su vez, y como contrapartida— la impunidad como un efecto positivo para el agresor.

Si bien es verdad que los derechos fundamentales de las mujeres —especialmente el derecho a la integridad personal afectado por hechos de violencia—, están consagrados en la Convención de Belén do Pará y en la Convención sobre Eliminación de todas las Formas de Discriminación contra la Mujer, también lo es que, en la misma sentencia antes citada, la CorteIDH ha dejado en claro que no toda violación de un derecho humano de una mujer implica necesariamente una violación de las disposiciones de la Convención de Belém do Pará ("Campo algodonero", numeral 227; también en "Perozo y otros vs. Venezuela", nota 22, párr.225), con lo cual se ha impuesto un límite al uso desmedido de la "perspectiva de género" en los casos judiciales, en el sentido de que la mujer víctima del delito no es portadora de mayores garantías que el hombre sospechoso de ser el autor de la violencia ni beneficiaria de una presunción absoluta de veracidad a cualquier costo, por el sólo hecho de ser mujer.

El principio de igualdad en los casos judiciales, rige tanto para un género como para el otro (precisamente, con el enfoque de género se persigue lograr una igualdad de géneros en el proceso) de manera que, si se emplea esta herramienta para potenciar los derechos de la mujer por sobre los del varón, se estaría violando el art. 16 de la CN, por cuanto es, precisamente, con la incorporación de la perspectiva de género en los casos judiciales, que se pretende garantizar la igualdad de género frente a los derechos y, de tal modo, contrarrestar la desigualdad que ha sido, históricamente, la base de producción de la violencia contra la mujer.

La perspectiva de género se convierte desde esta mirada, entonces, en una *herramienta conceptual democrática*, por cuanto mira a los iguales como iguales, con lo cual se quiere decir —contrariamente a cómo se ha entendido históricamente por ciertos sectores de opinión— que ni las mujeres han sido siempre un colectivo vulnerable ni los hombres han sido siempre un material agresor por naturaleza.

Así como la aplicación de la perspectiva de género en el caso judicial persigue desterrar la desigualdad y la discriminación de la mujer víctima del delito en cuanto concierne a sus derechos fundamentales, también —en ese mismo caso judicial— debe perseguirse la protección de los derechos del varón autor de los hechos de violencia, *si lo que se pretende con la perspectiva de género es que los hombres y las mujeres se beneficien por igual.*

Se trata de una igualdad que no sólo es formal —es decir, la igualdad establecida legalmente—, sino de una igualdad real, esto es, la igualdad que se pretende establecer y determinar en los casos judiciales, por la existencia de circunstancias fácticas que revelan situaciones de desigualdad estructural entre el hombre y la mujer. Sería algo así como una igualdad como no discriminación frente a un caso de neutralidad entre iguales.

Dicho lo que antecede, debemos convenir en que la perspectiva de género en el caso judicial —aplicada correctamente— es un instrumentos útil y positivo para decisiones correctas, pues permite recurrir a situaciones fácticas no comprobadas directamente, muchas veces obtenidas mediante indicios o elementos periféricos, para tener por acreditado el hecho de violencia contra la mujer, cuando lo único que se tiene es su testimonio pero —en cualquier caso—, la violencia de género (por tratarse de un elemento del tipo objetivo en el delito de femicidio, por ejemplo) debe ser objeto de comprobación en cada caso en particular, ya sea por circunstancias históricas comprobadas (por ej. mensajes de texto, testimonios de amigos y parientes que hablan del carácter violento del varón, los celos e insultos, el control del celular, la persecución continuada, acoso repetitivo, etc.) o por situaciones actuales de violencia (por ej. lesiones comprobadas por un examen médico).

En el caso "Taranco Juan José p/amenazas", por ejemplo, del TSJ de CABA (rto. 22/04/2014)[115], se resolvió que " ... teniendo en cuenta que en la generalidad de los casos de violencia se suele contar con el testimonio de la víctima como único testigo directo, por no haber testigos presenciales, existen una serie de indicadores objetivos a tener en cuenta para valorar los relatos de las víctimas... resulta necesario que se lleve a cabo un examen crítico que determine la credibilidad, coherencia, verosimilitud, persistencia y falta de mendacidad de la incriminación en el testimonio de la víctima, o, en el supuesto que la hubiere, la resistencia a esa incriminación en el relato del presunto ofensor, de manera tal que se adviertan las razones por las cuales se ha privilegiado un testimonio por sobre el otro"[116].

Vale decir, que la interpretación en este fallo se encamina en un sentido esclarecedor y directo, esto es, que se debe demostrar en el proceso las causas, factores o motivos que se tienen para privilegiar un testimonio por sobre otro

---

115 Este caso puede ser consultado en el link: ps://om.csjn.gov.ar/JurisprudenciaOM/c.

116 Sobre el testimonio de la víctima y la dificultad de su prueba ante la ausencia de consentimiento, señala DE VICENTE MARTÍNEZ que la jurisprudencia ha establecido criterios para darle valor probatorio a dicha declaración, entre los que destacan la credibilidad y verosimilitud del testimonio, que no actúe por resentimiento o enemistad del acusado, que exista persistencia en la denuncia y ausencia de versiones contradictorias a través de distintas fases del proceso...subrayando que en varios fallos del Tribunal Supremo se ha puesto de relieve que "la deficiencia de uno de los parámetros (o criterios) no invalida la declaración, y puede compensarse con un reforzamiento en otro, pero cuando la declaración constituye la única prueba de cargo, una deficiente superación de los tres parámetros de contraste impide absolutamente que la declaración inculpatoria pueda ser apta por sí misma para desvirtuar la presunción de inocencia, como sucede con la declaración de un coimputado cuando carece de elementos de corroboración, pues se trata de una declaración que carece de la aptitud necesaria para generar certidumbre" (conf. *El delito de violación*, cit., págs. 207 y sig.).

(en el caso sería el testimonio de la mujer por sobre la versión aportada por el agresor varón), sin menoscabo de los derechos y garantías de este, en particular, el principio de inocencia.

Ahora bien, estos filtros que se mencionan en este fallo, tienen vinculación con la persona de la víctima y su testimonio durante todo el curso del proceso, pero no hace mención a otros elementos indiciarios, indirectos o periféricos que también —a nuestro entender— se deben tener en cuenta para otorgar credibilidad (y fiabilidad) al testimonio de la víctima.

Y esto... ¿porqué?...

Porque la perspectiva de género no puede ser usada en el caso judicial para conceder al relato que hace la mujer — que arguye haber sido víctima de hechos de violencia en su entorno íntimo o familiar, especialmente presumiblemente ocurridos mucho tiempo atrás a la denuncia (también actuales), pero que no han sido comprobados por circunstancias objetivas y directas (o siquiera indiciarias)—, una credibilidad hipervalorada que proviene, exclusivamente, de sus propios dichos, por tratarse de una víctima mujer y porque el caso debe ser juzgado bajo el paraguas de la perspectiva de género.

Es verdad que el juez —como se dijo repetidamente— tiene el deber de juzgar el caso con perspectiva de género, por cuanto se trata de una obligación que deriva de los instrumentos internacionales de DDHH vigentes en Argentina, pero no lo es menos que ello no implica otorgar al magistrado un cheque en blanco para que haga un uso abusivo (o más bien excesivo) de dicha estrategia, en perjuicio del acusado, pues tal situación importaría, claramente, arbitrariedad, por violación del principio de inocencia. La perspectiva de género no puede ser usada como comodín para suplir la prueba, ni derogar el derecho de defensa o el principio de inocencia y sus derivaciones (*in dubio pro reo*, carga de la prueba al acusador, etc.), porque son límites que impone la Constitución. Tampoco ser un pretexto para sustraer testimonios de la sana crítica racional (Cafferata Nores/ Hairabedian).

La decisión judicial debe estar fundada, por un lado, en una interpretación del hecho de violencia libre de prejuicios y, por otro lado, en una valoración objetiva de la prueba (especialmente el testimonio de la víctima) y con una calificación jurídico penal correcta. Todos los hechos de violencia denunciados deben ser materia de prueba, mediante un análisis racional de la misma, evitando que la perspectiva de género se convierta en una herramienta para favorecer a una parte en perjuicio de la otra, otorgando privilegios a la mujer, por el hecho de ser mujer.

La perspectiva de género tiene como único objetivo en el caso judicial, materializar la igualdad de oportunidades entre el hombre y la mujer, sin privilegiar a ésta última ni perjudicar los derechos y garantías del primero. De aquí que se deban analizar en los casos judiciales la existencia de relaciones asimétricas entre los sujetos del proceso, debiendo ser comprobadas las situaciones de discriminación y desigualdad que se atribuyen a la parte agresora por quien ha sufrido la violencia de género.

Si los hechos de violencia narrados por la víctima —sean actuales o pasados—, no se pueden comprobar —directa o indirectamente a través de indicios—, el juez no podrá recurrir a la perspectiva de género para sortear esos obstáculos que representan un material probatorio inexistente (o insuficiente) y tener por cierto hechos no probados, por la sola circunstancia de que la víctima es mujer.

La perspectiva de género nada puede hacer en situaciones de testimonios no comprobados o de prueba insuficiente. El principio de objetividad que delimita la ruta que debe tomar el Ministerio Público Fiscal en la investigación de cualquier delito, impide que investigue un hecho delictivo bajo un enfoque de género, en el que la víctima es una mujer y el sospechoso un hombre, si no advierte claramente la concurrencia de situaciones que se enmarcan en un cuadro de violencia de género, debiendo indagar "todos" los hechos constitutivos del delito, prestando atención a los intereses tanto de la víctima como del sospechoso y que pudieren resultar beneficiosos tanto para uno como para el otro.

No se trata de una técnica o estrategia que viene a cubrir o suplantar los espacios vacíos de material probatorio, pero sí se puede mediante su empleo llenar esos vacíos —por ejemplo, dando vida a los indicios— y evitar que la situación de insuficiencia probatoria sea determinante para la decisión del caso. Es por ello que, con esta herramienta, se debe propender a la recogida del material probatorio para impedir, precisamente, por un lado, la orfandad del testimonio solitario de la víctima y, por otro lado, la falacia argumental que pudiere introducir al proceso la parte que se considera víctima de los actos de agresión.

Si el hecho de violencia no se puede comprobar mediante una prueba directa (por ej. testimonio de la víctima y de terceros, examen médico que constata lesiones, pericia psicológica, análisis de teléfonos, mensajes de texto, etc.), o indirecta (mediante indicios, elementos periféricos, etc.) la perspectiva de género, como dijimos, nada puede hacer.

El testimonio solitario de la víctima —como única referencia probatoria de cargo— puede poseer potencial probatorio en la medida de que se encuentre acompañado o apoyado por pruebas indirectas o periféricas (indicios) las que, valoradas en su conjunto, podrán servir como prueba de la existencia del hecho de violencia, concediendo al testimonio de la mujer la suficiente credibilidad para fundamentar una sentencia de condena.

Se trataría, en estos casos, de un testimonio que es "rescatado" —y valorado positivamente— por la existencia de elementos de prueba indirectos que le otorgan fiabilidad para fundar una sentencia de condena y desvirtuar el principio de inocencia que asiste al acusado[117].

---

[117] Confr. FUENTES SORIANO Olga, *La perspectiva de género en el proceso penal. ¿Refutación? de algunas conjeturas sostenidas en el trabajo de*

En ningún caso, no solo se debe admitir como constitucionalmente factible la inversión de la carga de la prueba (que siempre corresponde a la acusación, no al acusado), sino que tampoco se debe presumir en su contra. Se tiene dicho que, en los casos de testimonio solitario de la presunta víctima, la acusación deberá acreditar en el proceso la concurrencia de elementos periféricos objetivos (cercanos, externos, etc.) que avalen el testimonio de aquella (inclusive comprobar la existencia misma del hecho), no bastando con sus simples manifestaciones. La protección de la víctima no puede ser excusa para alterar las reglas de valoración probatoria y para debilitar la presunción de inocencia del acusado, cuya protección, además del fin de la justicia, es una de las funciones del proceso mismo, porque no se debe olvidar que no hay mayor víctima que una persona acusada de un delito que no ha cometido, luego inocente, que es, en realidad, la hipótesis que siempre debemos tener presente los jueces a la hora de juzgar a una persona. Y, desde luego, en una sociedad de libertades como la nuestra, es más aceptable —aunque no deseable— el riesgo de que un culpable pueda ser absuelto, que el riesgo de que un inocente pueda ser condenado[118].

En suma, es verdad que la perspectiva de género es una herramienta analítico-conceptual que busca evitar la perpetuación de la discriminación en todas las actividades en las que se desenvuelve la mujer, particularmente en los casos penales, proponiendo alternativas y soluciones que superen los estereotipos de género para arribar a un plano de igualdad y no discriminación entre hombres y mujeres,

---

Ramírez Ortiz «el testimonio único de la víctima en el proceso penal desde la perspectiva de género», disponible en revistes.udg.edu; Véase, asimismo, Tribunal de Casación Penal de Buenos Aires, Sala I, causa N° 9344, in re, Lagostena Héctor Daniel s/ recurso de Casación y su comentario, en ROSSI María Mercedes, *La perspectiva de género en el proceso penal*, disponible en saij.gob.ar).

118 Conf. JAÉN VALLEJO Manuel, *La otra cara de la Ley del "solo sí es sí": la protección a la víctima no puede alterar la valoración probatoria*, El Cierre Digital, 15/02/2023, disponible en elcierredigital.com

pero también lo es que nunca deberá ser un material de reemplazo de una investigación criminal imparcial, exhaustiva, contextual, que garantice la intangibilidad de los derechos de los sujetos procesales.

Es verdad, también, que la Ley 26.485 establece a favor de la mujer que se debe garantizar el "derecho a la amplitud probatoria" para acreditar los hechos denunciados (arts. 16.i y 31)[119], pero también es verdad que todo ello es posible en la medida que su aplicación —como dijimos— no implique un recorte o sacrificio de las garantías de las partes, en especial las del acusado.

Precisamente, se ha invocado este principio de "amplitud probatoria" para convertir el testimonio único de la mujer en un "supertestimonio". Sin embargo —como se tiene dicho— ese instrumento legal, reglamentario de los convenios internacionales contra la violencia de género, no deroga el principio de inocencia y expresamente establece que las pruebas se evaluarán de acuerdo con la sana crítica y se considerarán las presunciones que contribuyan a la demostración de los hechos siempre que sean indicios graves, precisos y concordantes. De esta manera, la amplitud probatoria refuerza el principio de libertad probatoria, obliga a extremar el esfuerzo en el análisis de las pruebas indirectas o indicios, desburocratiza o flexibiliza el exceso de rigor formal en la fijación de los hechos (p. ej., la exigencia de que la víctima detalle cada hecho con fecha, lugar y modo, aun cuando hubiesen sucedido durante años), pero de ninguna manera permite condenar sin certeza[120].

---

119 Ley 26.485, art. 31: Regirá el principio de amplia libertad probatoria para acreditar los hechos denunciados, evaluándose las pruebas ofrecidas de acuerdo con el principio de la sana crítica. Se considerarán las presunciones que contribuyan a la demostración de los hechos, siempre que sean indicios graves, precisos y concordantes.

120 Conf. CAFFERATA NORES Jose I. y HAIRABEDIAN Maximiliano, *Reflexiones críticas sobre los estándares probatorios*, publicado en Academia Argentina de Ciencias Penales, disponible en www.academiaargentinadecienciaspenales.com.ar; estos autores citan jurisprudencia de la CNCP en la que se dijo que "la directiva comprendida en el

La aplicación de la amplitud probatoria que reconoce la Ley 26.485 ha motivado que, en algunos casos, se argumente que "conlleva a la flexibilización de los estándares probatorios" en materia penal[121], lo que reduciría el alcance del principio de inocencia. Así, en aquellos casos en que la única prueba de la materialidad de los hechos es el testimonio de la víctima, ya que ha sido la única testigo, diversos autores han cuestionado que se pueda arribar al grado de certeza requerido para condenar[122].

No es, por tanto, la flexibilización del estándar probatorio lo que afirman los textos internacionales, sino el deber de los Estados de llevar a cabo investigaciones diligentes y efectivas para esclarecer los hechos en cuestión, por cuanto —como se ha puesto de relieve— "El abandono de garantías trabajosamente conquistadas, constituye una fuente de peligro para nuestro modelo constitucional penal"[123].

Respecto de la aplicación de este principio en las investigaciones con perspectiva de género, particularmente en los casos de femicidios, la UFEM (Unidad Fiscal Especializada en Violencia contra las Mujeres), de la Procuración General de la Nación, en su Protocolo para la Investigación y Litigio de Casos de Muertes Violentas de Mujeres (Femicidios), de 2018, ha entendido que "La perspectiva de género es una categoría de análisis que permite comprender como

---

art. 16 inc "i" de la ley 26.485 no establece un estándar probatorio distinto o adicional a la libertad de apreciación de la prueba reglado en el Código Procesal (Sala I, Reg. 1531, 27/11/2018, voto de García en "Abraham"); ni implica modificar el estándar de prueba que rige para todos los casos penales, sino de extremar las medidas para realizar una investigación completa y profunda que comprenda una valoración integral de todos los elementos probatorios (Sala II, Reg. 686, 14/8/2017, voto de Sarrabayrouse en "La Giglia").

121 Confr. DI CORLETO, J., *Igualdad y diferencia en la valoración de la prueba: estándares probatorios en casos de violencia de género*, pág. 286, Didot, Buenos Aires, 2017.

122 Ibidem DI CORLETO, págs. 291 y sig.

123 RAMÍREZ ORTIZ, José Luis, "*El testimonio único de la víctima en el proceso penal desde la perspectiva de género*", *Quaestio facti*. Revista Internacional sobre Razonamiento Probatorio, N° 1, pp. 243/244, Madrid, 2020.

la diferencia en los roles, funciones y atributos asignados, en una sociedad determinada, a los varones y a las mujeres influye sobre los comportamientos sociales e institucionales... (que) ...Aplicado a los casos de femicidios, permite conceptualizar el acto femicida no como una conducta aislada sino en un contexto de discriminación y dominación de género ... (y, agregando que)... El principio de amplia libertad probatoria no implica una flexibilización de los estándares probatorios en estos casos, sino que está destinado, en primer lugar, a desalentar el sesgo discriminatorio que tradicionalmente ha regido la valoración probatoria a través de visiones estereotipadas o prejuiciosas sobre la víctima o la persona acusada. En segundo lugar, promueve que *en las investigaciones penales se diversifique y amplíe la búsqueda de elementos probatorios que refuercen los testimonios de las víctimas sobrevivientes e indirectas y de los testigos*" (destacado nuestro)[124].

En la misma línea, la casación argentina sostiene que la directiva comprendida en el art. 16 inc "i" de la ley 26.485 no establece un estándar probatorio distinto o adicional a la libertad de apreciación de la prueba reglado en el Código Procesal (Sala I, Reg. 1531, 27/11/2018, voto de García en "Abraham"); ni implica modificar el estándar de prueba que rige para todos los casos penales, sino de extremar las medidas para realizar una investigación completa y profunda que comprenda una valoración integral de todos los elementos probatorios (Sala II, Reg. 686, 14/8/2017, voto de Sarrabayrouse en "La Giglia").

La perspectiva de género —como se pudo apreciar— no significa (ni puede significar) un privilegio para la víctima, vale decir, que en el proceso penal la víctima sea considerada un "testigo privilegiado" (o cualificado, como se sostiene en la jurisprudencia española) en razón de que conoce los hechos por haberlos vivido en primera persona y ser sujeto pasivo del delito, por la simple razón de que

---

124 Disponible en pensamientopenal.com.ar (2018/04).

hasta que no haya una sentencia firme no puede existir la categoría "sujeto pasivo del delito", por cuanto lo contrario impactaría contra el principio de inocencia si se calificara anticipadamente a la denunciante como "testigo cualificado" por tales razones[125].

Si, por un lado, la perspectiva de género no puede convertirse en una herramienta que otorgue privilegios a la persona denunciante, por otro lado, tampoco podría tener efectos o consecuencias que tengan la virtualidad de colocarla por fuera de un procedimiento probatorio objetivo, que se constituya en la espada de Damocles del imputado.

Con otras palabras, la perspectiva de género no puede ser usada en un proceso penal, hipervalorando el testimonio solitario de la víctima para dar fundamento a una sentencia condenatoria, por el sólo hecho de que esa víctima es una mujer y el autor un hombre. Se trataría, en estos casos, no sólo de un proceso injusto, por cuanto el orden constitucional garantiza, a todo ciudadano, que el castigo sólo sea impuesto a un sujeto responsable en un proceso justo (PÉREZ DEL VALLE), y no puede tratarse de un proceso justo aquél en el que un ciudadano es objeto de un castigo con posterioridad a una evaluación arbitraria de los hechos que han dado fundamento a la investigación criminal, circunstancia que implicaría, claramente, una afectación de la garantía de imparcialidad del juzgador, por cuanto son los jueces, precisamente, quienes tienen que acreditar en el proceso una conducta imparcial, respetando los derechos de todas las partes sin discriminación, vale decir, sin favorecer los intereses de una de ellas en desmedro de la otra, sino de un proceso coloreado de presunciones —sin la concurrencia de elementos objetivos, concretos, reales o complemenetarios que descubran la existencia de una relación desigual de poder entre los contendientes—, quedan-

125 Conf. MUÑOZ ARANGUREN Arturo, *La valoración del testimonio de la denunciante en delitos de violencia de género*, disponible en almacendederech.org., en la que cita la STS español No. 282 de 13 de junio de 2018.

do afectado, en consecuencia, el principio de culpabilidad por el hecho, toda vez que se estaría, por un lado, castigando al autor por lo que es (un varón) y no por lo que hizo y, por otro lado, concurriría una violación de la medida de la pena aplicable, al jo ser equivalente a su culpabilidad, puesto que —como ha puesto de relieve Bacigalupo—, la esencia de la culpabilidad no reside en el carácter del autor, ni en la conducta de su vida, sino en la posibilidad de haber actuado de otra manera en el caso concreto[126].

En este sentido, se tiene dicho en doctrina que "la perspectiva de género no puede interpretarse como un estándar de prueba específico en materia de violencia del hombre sobre la mujer y que, por tanto, no cabe valorar de forma distinta la suficiencia de un testimonio para fundamentar una condena, por el hecho de que quien lo aporte sea un hombre o una mujer"[127].

Perspectiva de género implica igualdad de trato, proponiendo y sugiriendo medidas y opciones que, en el proceso, tiendan, por un lado, a evitar que se desvirtúen estos principios y, por otro lado, a lograr una interpretación y aplicación de la norma conforme con dichos principios.

En conclusión, "juzgar con perspectiva de género" equivale a implementar en el enjuiciamiento técnicas jurídicas que faciliten la consecución del objetivo de la igualdad efectiva de mujeres y hombres en el uso y disfrute de los derechos y libertades.

En concreto, la perspectiva de género aspira a que los parámetros que utiliza el sistema de justicia para interpretar y aplicar la ley no refuercen, a través de una neutralidad axiológica vinculada a la igualdad formal, las relaciones

---

126 Conf. BACIGALUPO Enrique, *Derecho penal, parte general*, 2da. Edición, pág. 169, Hammurabi, Buenos Aires,1999.

127 Conf. GARCÍA PORRES, I., y SUBIJANA Zunzunegui, cit. por cit. por Fuentes Soriano Olga, *La perspectiva de género en el proceso penal. ¿Refutación? de algunas conjeturas sostenidas en el trabajo de Ramírez Ortiz «el testimonio único de la víctima en el proceso penal desde la perspectiva de género»*, disponible en revistes.udg.edu).

de poder de los hombres sobre las mujeres, consolidando, de esta manera, la discriminación de estas últimas. Lo que postula, en definitiva, es que el sistema de justicia emplee técnicas de diferenciación que, siendo proporcionadas, logren la equiparación final de lo que en el punto inicial es desigual.

Debemos convenir en que el juzgamiento del caso con perspectiva de género es necesario para garantizar la igualdad de partes en el proceso y, en modo alguno (en principio), se puede sostener que su aplicación produzca una afectación de los pricipios y garantías que deben ser respetadas por los jueces en el proceso penal, tanto en la valoración de las reglas sobre la prueba como en la aplicación del derecho.

Anticipamos nuestro acuerdo en el juzgamiento con perspectiva de género —con el alcance y limitaciones antes explicadas—, pero también advertimos que ello solo es posible siempre y cuando se respeten los derechos y garantias de los sujetos del proceso, sea la víctima una mujer y el agresor un varón, o a la inversa.

Debemos insistir en que no siempre que la víctima de la violencia es una mujer, por ese sólo hecho el caso debe ser juzgado con perspectiva de género, aun cuando por el contenido de una denuncia (que, como dijimos, puede ser falaz), se sospeche que en la relación interpersonal de los sujetos del proceso existieron situaciones que podrían ser calificadas como de violencia de género y no como cualquier otra clase de violencia, pues de lo contrario, se estaría pervirtiendo su concepto ampliándolo en perjuicio del autor de la agresión, sea un hombre o una mujer. El robo de la cartera a una mujer en la vía pública, el insulto en el marco de una reunión de una sociedad comercial o la estafa en el ámbito de una relación familiar, no parecen que sean delitos que deban ser juzgados con un enfoque de género, pese a que el concepto de violencia contra la mujer tambien comprende la violencia económica (art. 5, Ley 26.485), porque resulta obvio que en estos casos no se vislumbra un contexto de género, que sí podría discutirse si se tratara de situaciones enmarcadas, por ejemplo, en el impago de la cuota alimentaria, la negativa a conceder la vivienda familiar, el impago de cuotas hipotecarias o de créditos bancarios, prohibir el derecho a trabajar, situaciones todas que impiden acceder a la mujer a recursos económicos sostenibles —con incidencia de distinta gravedad en los hijos en casos de divorcio— visibilizando un alto grado de dependencia de la mujer respecto del autor de la violencia.

Como se ha puesto de relieve, la perspectiva de género, reconoce la diversidad de géneros y la existencia de mujeres y los hombres, como un principio esencial en la construcción de una humanidad diversa y democrática. Sin embargo, esta perspectiva plantea a su vez que la dominación de género produce la opresión de género y ambas obstaculizan esa posibilidad. Una humanidad diversa y democrática requiere que mujeres y hombres (refiriéndome puramente al encuadre binario al solo efecto de clarificar conceptualmente para el presente caso, pero sin dejar de reconocer la existencia de otros géneros) seamos diferentes de quienes hemos sido, para ser reconocidos en la diversidad y vivir en la democracia genérica (LARRAURI).

Pero, en todo caso, tambien es necesario que la violencia de género, como elemento normativo del tipo de injusto (si se tratara de un homicidio, por ejemplo), sea efectivamente probado en el respectivo proceso, a fin de verificar y determinar la existencia de una "relación desigual de poder" entre los sujetos procesales (que debe ser motivo de prueba también en un proceso en el que la violencia sea la razón determinante del mismo), es decir, comprobar si "realmente" ha existido en la relación interpersonal entre sujeto activo y víctima, situaciones de desigualdad o discriminatorias que justifiquen la aplicación de la perspectiva de género como instrumento adecuado para corregir las situaciones de discriminación, esto es, para revertir los efectos negativos de las relaciones asimétricas eventualmente constatables.

Si los jueces no se detienen un instante en repensar acerca de la aplicabilidad del enfoque de género en los procesos en los que se investigan hechos de violencia contra la mujer, haciendo una interpretación correcta del mismo (desterrando todo tipo de atisbos de preconceptos, cegueras, prejuicios, conjeturas, presunciones o parcialidades), se corre el riesgo (y algo de esto ya se está observando como tendencia en decisiones judiciales en la actualidad) de hipervalorar la situación de la mujer por sobre la del varón, en franca transgresión de los principios de igualdad y no discriminación que se pretenden desterrar, circunstancia que pondría de manifiesto una situación de desequilibrio entre los sujetos del proceso, dejando percibir la existencia de una suerte de "estereotipos de género" al revés (porque implicaría una perpetuación de la discriminación, en este caso en perjuicio del acusado varón), quien siempre estará bajo la etiqueta de ser calificado como el culpable del hecho de violencia (sospecha de sujeto peligroso) y la mujer como la víctima a quien se debe proteger a todo costo, con lo cual el proceso penal se convertiría en un mero sistema protector de la víctima del hecho ilícito investigado, dándose absoluta prioridad a su testimonio, sin que se tengan en cuenta otros medios de prueba que pudieran hechar luz sobre el mismo y sobre los hechos de violencia denunciados.

Dicho de otro modo, la perspectiva de género no implica un mecanismo orientado a abrir una puerta sólo para al testimonio de la víctima mujer y cerrar todas las demás en perjuicio del acusado, impidiendo recurrir a otros medios de prueba que otorguen o quiten credibilidad a la declaración de aquella, por cuanto, de tal forma, se estarían violando los mismos derechos y garantías que se pretenden preservar con la aplicabilidad de dicha herramienta conceptual.

Por último, hay que recordar que el factor o razón de género —a diferencia de otros ordenamientos, como vimos, por ejemplo, el Código penal español, en cuyo artículo 22.4 se establece una agravante genérica para cuando el delito es cometido "por razones de género"—, en Argentina no implica una circunstancia agravante genérica móvil de la pena (menos aun implícitamente, como parece ocurrir en el juzgamiento de estos casos, en los cuales tal circunstancia funciona como agravante de la situación procesal del acusado varón, especialmente en aquellos casos de ausencia de prueba o de prueba insuficiente), sino que sólo implicará una circunstancia agravante de la penalidad cuando el tipo de injusto la prevea como tal específicamente en el tipo objetivo, como ocurre, por ejemplo, con el delito de femicidio del inciso 11 del artículo 80 CP, o bien en lo referente a la figura del inciso 4 del mismo artículo, cuando la muerte se produce por "odio de género".

En otros casos, en los que no se ha dado históricamente una relación desigual de poder en la pareja o ex pareja, inclusive en situaciones de inexistencia de parentesco o relaciones interpersonales entre el hombre y la mujer, no debe dirimirse la conducta del agresor bajo el sistema de juzgamiento que presupone la perspectiva de género, sino recurriendo al régimen probatorio tradicional regulado en la ley procesal, el cual tampoco debería obviarse, desde luego, si se hubiera que juzgar el caso con el citado enfoque de género.

En palabras de Muñoz Aranguren, cuando expresa "... estoy lejos de mantener una postura maximalista, ya sea a favor o en contra, con relación a la procedencia de la utilización de la perspectiva de género en el proceso penal. Se trata de un concepto tan manoseado en las incesantes guerras culturales que cuesta aproximarse a él sin apriorismos. Además, se ha formulado teóricamente de maneras tan diversas que sus contornos han quedado crecientemente desdibujados"[128].

---

[128] MUÑOZ ARANGUREN Arturo, *La valoración del testimonio de la denunciante en delitos de violencia de género*, 26/08/2020, disponible en almecendederech.org.

Frente al escenario que se presenta con los delitos de género —como así del uso excesivo, muchas veces arbitrario, que se hace del enfoque de género en los casos penales— nos deberíamos preguntar, no solo si es necesaria esta herramienta conceptual para dictar una sentencia justa (que creemos, ciertamente, en su necesidad, con las advertencias antes realizadas), sino si el derecho penal es la mejor herramienta para luchar contra la violencia machista, por cuanto, si bien es cierto de que en los últimos años ha habido avances en relación a una realidad que muestra situaciones de igualdad entre el hombre y la mujer en ciertos sectores de la actividad pública y privada, no lo es menos que aun quedan muchos interrogantes no respondidos para alcanzar la tan anhelada igualdad material entre hombres y mujeres.

Tal vez se obtengan muchos mejores resultados —no para terminar con los delitos sexuales en general, pues sería una absurda e imposible pretensión, sino para afrontar el problema de la violencia sexual contra las mujeres—, con políticas públicas enderezadas a fomentar la educación en todos los niveles y poderes del Estado y no forzar al sistema de justicia esperando del mismo que aporte soluciones milagrosas, recurriendo a una aplicación —como dijimos— muchas veces excesiva y arbitraria (y escapando de las reglas de la prueba), de la perspectiva de género en los procesos judiciales, pues, como se ha puesto de relieve, ella debe entrar de lleno en los juzgados y tribunales, no por obligación, sino por convicción de su necesidad[129].

Los seres humanos nacemos libres e iguales, y la perspectiva de género no es mas que un medio para sostener

---

129 Conf. MARCO FRANCIA María Pilar, *Victimización secundaria en los delitos sexuales. Consentimiento y enjuiciamiento a la víctima, con especial referencia al caso de "la manada"*, en La Manada. Un antes y un después de la regulación de los delitos sexuales en España (Patricia Faraldo Cabana y María Acale Sánchez: Directoras), pág. 328, Tirant lo Blanch Alternativa, Valencia, 2018.

a lo largo de la vida esa libertad e igualdad en los casos judiciales, y de ese objetivo no está ajeno el proceso penal.

Bibliografía

AGUSTINA JOSE R., Prólogo a la obra coletiva Comentarios a la Ley del "solo sí es sí". Luces y sombras ante la reforma de los delitos sexuales introducida en la LO 10/2022, de 6 de septiembre, Atelier Libros Jurídicos, Barcelona, 2023, disponible en researchgate.net

ACALE SÁNCHEZ María, Tratamiento penal de la violencia sexual: la forma más primaria de violencia de género, en La Manada. Un antes y un después de la regulación de los delitos sexuales en España (Patricia Faraldo Cabana y María Acale Sánchez: Directoras), Tirant lo Blanch Alternativa, Valencia, 2018.

ACALE SÁNCHEZ María, Delitos sexuales: razones y sin razones para esta reforma, disponible en dialnet-delitos-sexuales-8199320-PDF.

ALONSO ALAMO Mercedes, El delito de feminicidio. Razones de género y técnica legislativa, en Mujer y Derecho Penal, ¿necesidad de una reforma desde una perspectiva de género?, JB Bosch Editor, Barcelona, 2019.

ALTUZARRA ALONSO Itziar, El delito de violación en el código penal español: análisis de la difícil delimitación entre la intimidación de la agresión sexual y el prevalimiento del abuso sexual. Revisión a la luz de la normativa internacional, disponible en revista.estudios.revistas.deusto.es.

ÁLVAREZ DOYLE Daniel, Proceso penal y Estado de Derecho. Una aproximación desde las garantías del imputado al art. 80 inc. 11 del Código penal, en Delitos de género y violencia sexual, Advocatus, Córdoba, 2022.

AROCENA Gustavo A., Ataques a la libertad sexual, Editorial Astrea, Buenos Aires, 2015

AROCENA Gustavo A. y BALCARCE Fabián I., Child grooming. Contacto tecnológico con menos para fines sexuales, Lerner Editorial, Córdoba, 2014.

AROCENA Gustavo A., Femicidio y otros delitos de género, Editorial Hammurabi, Buenos Aires, 2017.

AROCENA Gustavo A. y CESANO José D., El delito de femicidio. Aspectos poítico-criminales y análisis dogmático jurídico, IBdeF, Montevideo-Buenos Aires, 2013.

ÁLVAREZ GARCÍA Francisco Javier, en Algunos comentarios generales a la Ley Orgánica 10/2022, de 6 de septiembre, de garantía integral de la libertad sexual, Revista Electrónica de Ciencia Penal y Criminología, RECPC 25-r3, 2023.

BACIGALUPO Enrique, Derecho penal, parte general, 2da. Edición, Hammurabi, Buenos Aires,1999

BUOMPADRE Jorge Eduardo, Tratado de Derecho Penal, parte especial, Tomo 1, Editorial Astrea, Buenos Aires, 2009.

BUOMPADRE Jorge Eduardo, Derecho penal, parte especial, 3ra. edición, Editorial ConTexto, Resistencia (Chaco), 2021.

BUOMPADRE Jorge Eduardo, Violencia de género en la era digital, Editorial Astrea, Buenos Aires, 2016.

BUOMPADRE Jorge Eduardo, Grooming, una forma de acoso sexual a menores en el mundo digital (art. 131 del Código penal), Editorial ConTexto, Resistencia (Chaco), 2015.

BUOMPADRE Jorge Eduardo, Delitos de odio. Un ataque a la igualdad, a la tolerancia y a la no discriminación, Editorial ConTexto, Resistencia, Chaco, 2023

CEREZO MIR José, Derecho penal, parte general, IBdeF, Buenos Aires-Montevideo, 2008.

CORTÉS DE ARABIA Ana María, Causas de justificación, Derecho penal, parte general, Libro de Estudio (varios autores), Dir. Carlos J. Lascano, Advocatus, Córdoba, 2002.

CUELLO CALÓN Eugenio, Derecho penal, conforme al Código penal, texto refundido de 1944, Tomo II, parte especial, Bosch Casa Editorial, Barcelona, 1949.

CREUS Carlos, Derecho penal, parte general, 5ta. edición, Editorial Astrea, Buenos Aires, 2003.

DE LA FUENTE Javier E., Abusos sexuales, Tipos Delictivos No.2, (Director, Sandro Abraldes), Hammurabi, Buenos Aires, 2021.

DE LA MATA BARRANCO Norberto J., Derecho penal, principios, interrogantes y reflexiones, Comares Editorial, Granada, 2022.

DONNA Edgardo Alberto, Derecho penal, parte especial, Tomo V (actualización desde 1999 hasta el 31 de marzo de 2022), Editorial Rubinzal-Culzoni, Buenos Aires-Santa Fe, 2022.

DUPUY DANIELA S., *Acosos en la Red, a Niños, Niñas y Adolescentes*, Colección Cibercrimen/1 (Dir. Daniela S. Dupuy, Coord. Catalina F. Neme), prólogo: Jorge E. Buompadre, Hammurabi, Buenos Aires, 2021.

FARALDO CABANA Patricia y ACALE SÁNCHEZ María (Directoras), La Manada. Un antes y un después en la regulación de los delitos sexuales en España, Tirant lo Blanch Alternativa, Valencia, 2018.

FARALDO CABANA Patricia, Solo sí es sí»: hacia un modelo comunicativo del consentimiento en el delito de violación, Reformas Penales en la Península Ibérica: ¿A «jangada de pedra»?, Colección de Derecho penal y Procesal penal (Jornadas, Cádiz, 2020), Boletín Oficial del Estado, Madrid 2021,disponible en boe.es

FIGARI Rubén E. (varios autores), Código penal, parte especial, La Ley Thomson Reuters, Tomo I, pags. 463 y sig., Buenos Aires, 2021.

FONTAN BALESTRA Carlos, Tratado de Derecho penal, T.V, Abeledo Perrot, Buenos Aires, 1969.

GARCÍA María Fernanda, Complejidades del "no es no": un análisis del *stealthing* como fenómeno que afecta la autonomía sexual y el consentimiento personal, disponible en palermo.edu

GARCÍA ÁLVAREZ Pastora y CARUSO FONTÁN Vivian (Dir.), Coordinación, Rodríguez Ramos Marta (Coord.), La perspectiva de género en la Ley del "solo sí es sí". Claves de la polémica, Ed. Colex SL, A Coruña, 2023.

GARCIA CAVERO Percy, Derecho penal, parte general, Ideas SAC, 3ra. edición, Lima (Perú), 2019.

GARCIA-PABLOS Antonio, Derecho penal, Introducción, Universidad Complutense, Facultad de Derecho, Servicio de Publicaciones, Madrid, 1995.

GUERRERO TORRES Alejandro, Violencia de género en Colombia: desarrollo del delito de feminicidio en la legislación nacional y en derecho comparado, en Mujer y Derecho Penal, ¿Necesidad de una reforma desde una perspectiva de género?, JB Bosch Editor, Barcelona, 2019.

GIMBERNAT ORDEIG Enrique, Contra la nueva regulación de los delitos sexuales, Diario del Derecho, 29/09/2022, disponible en iustel.com

GIMBERNAT ORDEIG Enrique, Prólogo a la trigésima edición del Código penal, Editorial Tecnos, Madrid, 2022.

GÓMEZ NAVAJAS Justa, La perspectiva de género en Derecho penal, en El Derecho penal en el siglo XXI. Liber Amicorum en Honor al Profesor José Miguel Zugaldía Espinar, Tirant lo Blanch, Valencia, 2021.

GONZÁLEZ AGUDELO Gloria, La sexualidad de los jóvenes: criminalización y consentimiento (art. 183 quater del Código penal), Tirant lo Blanch Delitos, No. 163, Valencia, 2021.

GONZÁLEZ Ramón Luis, Derecho penal, parte general, Editorial Astrea, Buenos Aires, 2018.

GUTIÉRREZ GALLARDO Rocío, La nueva agravante por razón de género: ¿era realmente necesaria?, disponible en ficp.es

JAÉN VALLEJO Manuel, Una visión jurídica y crítica sobre la Ley del "sí es sí", disponible en confilegal.com

JAÉN VALLEJO Manuel, Consentimiento, medios de comisión y prueba en los delitos contra la libertad sexual, disponible en Interjuez.es

JAÉN VALLEJO Manuel, La otra cara de la Ley del "solo sí es sí": la protección a la víctima no puede alterar la valoración probatoria, El Cierre Digital, 15/02/2023, disponible en elcierrredigital.com

LAJE ROS Cristóbal, Violencia de género y otras calificantes del homicidio según la Ley 26.791, Editorial Lerner, Córdoba, 2020.

LASCURAIN Juan Antonio, Las huellas de la manada, disponible en almacendederecho.org

LÓPEZ DE ZUBIRÍA DÍAZ Sandra, en *La agravante de discriminación por género como respuesta a las limitaciones penales en la violencia de género*, Eunomía. Revista en Cultura de la Legalidad, No. 22, abril/ septiembre 2022, disponible en https://doi.org/10.20318/eunomia.2022.6811.

LÓPEZ PEREGRÍN Cármen, *Agresiones sexuales a menores de 16 años tras la reforma de 2022*, en La perspectiva de género en la ley del "solo sí es sí", Claves de la polémica (Dir. Pastora García Álvarez y Viviana Caruso Fontán; Coord. Marta Rodríguez Ramos), Colex, A Coruña 2023.

LUZÓN PEÑA Diego-Manuel, Curso de derecho penal, parte general I, Editorial Universitas S.A., Madrid 1996.

MAGRO SERVET Vicente, La nueva Ley Orgánica 4/2023, de 27 de abril, de delitos sexuales: la reforma de la reforma, de 28/04/3023, disponible en diariolaley.laleynext.es

MANZANARES SAMANIEGO José Luis, El consentimiento en los delitos contra la libertad sexual, disponible en diariolaley.laleynext.es

MARCO FRANCIA María Pilar, Victimización secundaria en los delitos sexuales. Consentimiento y enjuiciamiento a la víctima, con especial referencia al caso de "la manada", en La Manada. Un antes y un después de la regulación de los delitos sexuales en España (Patricia Faraldo Cabana y María Alcale Sánchez: Directoras), Tirant lo Blanch Alternativa, Valencia, 2018.

MARTÍNEZ Melina Maluf, Capacidad de niños y adolescentes para el ejercicio de los derechos de la personalidad en el nuevo sistema de derecho privado argentino, 31/10/2018, pensamientocivil.com.ar).

MORALES PRATS Fermín y GARCIA ALBERO Ramón, Comentarios a la parte especial del Derecho penal (Gonzalo Quintero Olivares, Director), Aranzadi Editorial, Navarra 1996.

MAQUEDA ABREU María Luisa, El hábito de legislar sin ton ni son. Una lectura feminista de la reforma penal de 2015, disponible en dialneet.unirioja.es

MUÑOZ CONDE Francisco, Derecho penal, parte especial, 12 ed., Valencia, 1999

MUÑOZ CONDE Francisco, Derecho penal, parte especial, 23 ed., Valencia, 2021.

ORTS BERENGUER Enrique, Delitos contra la libertad sexual, Tirant lo Blanch Alternativa, Valencia, 1995.

ORTS BERENGUER Enrique y SUÁREZ-MIRA RODRIGUEZ Carlos, Los delitos contra la libertad e indemnidad sexuales, Tirant lo Blanch, Colección Los Delitos, No. 34, Valencia 2001.

PEIRÓ Claudia, Ley Micaela: la instrumentación de un reclamo legítimo para imponer un dogma minoritario", Infobae de 29/01/2023.

PÉREZ DEL VALLE, Carlos, Lecciones de Derecho penal, Parte general, 7ma. ed., Dykinson, Madrid, 2023.

POLAINO NAVARRETE Miguel, El injusto típico en la teoría del delito (presentación: Jorge Eduardo BUOMPADRE), MAVE Ediciones, Corrientes, 2000.

POLAINO NAVARRETE Miguel y POLAINO-ORTS Miguel, Derecho penal, Modernas Bases Dogmáticas, Editorial Jurídica Grijley, Lima, Perú, 2004.

QUINTERO OLIVARES Gonzalo (con la colaboración de Fermín Morales Prats y Miguel Prats Camut), Curso de Derecho Penal, parte general, Cedes Editorial, Barcelona, 1997.

RAMOS VÁZQUEZ José Antonio, Política criminal, cultura y abuso sexual de menores. Un estudio sobre los artículos 183 y siguientes del Código penal, Tirant lo Blanch "Colección delitos", No. 118, Valencia 2016.

RIBAS Eduardo Ramón, Minoría de edad, sexo y Derecho penal, Thomson Reuters Aranzadi, Navarra, 2013.

RIBAS Eduardo Ramón y FARALDO CABANA Patricia, "Solo sí es sí", pero de verdad. Una réplica a Gimbernat, Estudios Penales y Criminológicos, vol. XL, 2020, disponible en revistas.usc.gal

RIGHI Esteban, Derecho penal, parte general, LexisNexis, Buenos Aires, 2008.

RODRIGUEZ Agustina, La aplicación preponderante del femicidio como tipo penal no neutral en términos de género. ¿Porqué debe aplicarse el inciso 11 del artículo 80 del Código penal argentino?, Ed. Rubinzal-Culzoni, Buenos Aires-Santa Fe, 2021.

RODRÍGUEZ DEVESA José María, Derecho penal español, parte especial, octava edición, Madrid, 1980.

SÁINZ-CANTERO CAPARRÓS José E., Sistema de Derecho Penal, parte especial, (Dirección: Lorenzo Morillas Cueva), 4ta. edición, Dykinson S.L., Madrid 2021.

SCHURJIN ALMENAR Daniel, ¿Fraude a la Ley de Identidad de Género?, Erreius, de 30/06/2023.

SOLARI MERLO Mariana N., La identidad digital ante el derecho penal, Aranzadi, Pamplona, 2023.

SOLER Sebastián, Tratado de Derecho penal, parte especial (actualizador: Jorge Eduardo BUOMPADRE), 6ta. edición, Tomo 2, Editorial Astrea, 2022.

SUÁREZ RODRIGUEZ Carlos, El delito de agresiones sexuales asociadas a la violación, Aranzadi Editorial, Pamplona, 1995

TERRAGNI Marco Antonio, Manual de derecho penal, parte general y especial, Thomson Reuters La Ley, Buenos Aires, 2014.

TRAMONTANO Luigi, *Codice penale spiegato,* Quattordicesima Edizione, Celt CasaEditriceLaTribuna, Piacenza, 2014.

VILLADA Jorge Luis, Delitos sexuales y trata de personas, 3ra. ed., Thomson Reuters La Ley, Buenos Aires, 2017.

VIVES ANTÓN Tomás S., Prólogo, en Delitos contra la libertad sexual de Enrique ORTS BERENGUER, Tirant lo Blanch Alternativa, Valencia, 1995.